根据黄坤明担纲总策划、总监制的五集

政论专题片《百年潮·中国梦》整理改编

C E N T U R Y T I D E

百年潮

极简中华民族复兴史

THE HISTORY OF THE REJUVENATION OF THE CHINESE NATION

张胜友 / 著

T H E C H I N E S E D R E A M

中国梦

学习出版社

出版说明

本书根据中共中央宣传部组织、中央电视台和学习出版社联合摄制的五集电视政论片《百年潮·中国梦》梳理、充实、改编而成。黄坤明同志担纲该片的总策划、总监制，并从创意、撰稿直至成片全程悉心指导。该片分《百年追梦》《中国道路》《中国精神》《中国力量》《筑梦天下》五大版块，细致描绘了中国人自近代鸦片战争以降，从“站起来”到“富起来”再到“强起来”的沧桑巨变，阐述了贯穿其间的中国人的力量、中国人的精神和中国人的梦想，以及中华民族伟大复兴的中国梦与世界梦的联系，多维度诠释了中国梦的历史成因和时代内涵，对中国梦进行了全面、准确、系统、生动、权威的解读。

《百年潮·中国梦》自2014年5月26日晚8时开始在中央电视台综合频道首播，新华社配发解说词通稿，《人民日报》《光明日报》等全国报刊连续刊登和转载。该片首播时，中央电视台综合频道的收视率创下了当时该频道的最高收视率，各省市电视台也竞相转播。该片播出后，在社会各界引起了强烈反响，各政府机关、企事业单位、学校、部队等，纷纷组织集体观看和学习。

为了方便社会各界更好地理解、领会中国梦，本书遵循大众化和通俗化原则，对该政论片的解说词进行了梳理，按内容重新拟定了小标题，选取重要词汇进行解释，增加了播出后到现在的内容更新，并附录使用手册。另外，还使用大量手绘历史图片，图文并茂，具有很强的可读性，在一定程度上全方位地揭示了中华民族复兴的历史进程。

沉睡的民族已醒来
（代序）

张胜友

从兴盛到衰败，再到复兴与崛起，雄辩地证明了中华民族蕴涵着一种巨大的内生力量——这就是中华民族的同心力与生命力，其内核基因则是：兴国之魂，强国之魄。

中华文明海纳百川、求同存异，不仅乐于与其他文明和谐相处，而且善于借鉴其他文明的积极成分，并在与其他文明的交流中，既增强对他者的理解，又提升对自身的认同。

一

20 世纪中叶，英国近代生物化学家和科学技术史专家李约瑟曾发出一个诘问："尽管中国古代对人类科技发展做出了很多重要贡献，但为什么科学和工业革命没有在近代中国发生？"并进一步提出："为什么公元 16 世纪之前，在将人类的自然知识应用于实用目的方面，中国较之西方更为有效，之后中国科技却停滞不前？”

这个话题独具慧眼，在中国虽算不上家喻户晓，但至少在科学界尽人皆知。李约瑟认为，中国对世界文明的贡献，远超所有其他国家，但是所得到的承认却远远不够。正是李约瑟那部倾注了他毕生心血、号称东方文明通史的“旷世巨著”——《中国的科学与文明》，西方有史以来撰写的第一部诠释这个“中央之邦”的鸿篇巨构，使得西方人重新认识了中国曾有的辉煌的科学与文明。

对于李约瑟的诘问，美国经济学家肯尼思·博尔丁百思未得其解，干脆称之为“李约瑟之谜”。

美国另一位学者罗伯特·坦普尔，在其名著《中国，文明的国度》一书中支持了李约瑟：“如果诺贝尔奖在中国的古代已经设立，各项奖金的得主，恐怕会毫无争议地全都归属于中国人了。”

此话并非妄言。众所周知，中华文明与古巴比伦文明、古埃及文明、古印度文明共同创造了人类远古文明的辉煌形态，且唯独中华文明生生不息而延续至今。正是这个神奇的东方古国，在距今两千多年前的战国时期，就发明了指南鱼、指南龟等，后演化成在航海中发挥了巨大作用的指南针；东汉蔡伦发明造纸术；唐朝研制出火药，应用于庆典中的烟花、神火飞鸦等；北宋毕昇发明活字印刷术，此前的雕版印刷术也占尽世界先机。除世界瞩目的四大发明外，中国领先于世界的科学发明和技术发现，至少还有百余种之多。据史籍记载，从公元6世纪到17世纪初，在世界重大科技成果中，中国所占比例一直在54%以上，到了19世纪才骤降为0.4%。

“李约瑟之谜”的反证是：“为什么近代科学又只发生在西方社会？”

回望五百年前的世界航海大发现，从威尼斯著名商人和探险家马可·波罗游历中亚、西亚、东南亚，到哥伦布发现新大陆，欧洲掀起了文艺复兴与研究东方文明的浪潮。从1687年英国物理学家牛顿发表论文《自然哲学的数学原理》，提出万有引力和三大运动定律，从而奠定此后三个世纪物理世界的科学观点，并成为现代工程学的基础，到1765年瓦特制成蒸汽机，终结人类过去由人力、牛马、水车、风车等力量来转动机器的历史，蒸汽机成为大工业的新动力，从而揭开工业革命的序幕；以及1783年美国独立战争结束，欧美大陆进入工业文明时代，1831年英国科学家法拉第发现电磁感应现象，1847年西门子—哈尔斯克电报机制造公司创立，开启电气化时代……欧洲的科学技术经历了约半个多世纪的奋起直追，终于超越了中国。

如果我们细心分析，会发现李约瑟陷入了两段式表述模式。

第一段表述：为什么在公元前 1 世纪到公元 16 世纪之间，古代中国人在科学和技术方面的发达程度远远超过同时期的欧洲？但中国的政教分离、诸子百家、私塾教育和科举选拔制度等，何以没能在同时期的欧洲产生呢？

第二段表述：为什么中国古代的经验科学领先于世界约一千年，但近代实验科学却没有产生在中国，而是产生在 17 世纪的西方，特别是文艺复兴之后的欧洲？

这确实是耐人寻味的“谜团”，犹如科学王国复杂的“高次方程”，就这样摆在了世界面前。

二

1803 年，据说拿破仑曾经指着地图上的中国忧心忡忡地说：“这里躺着一个沉睡的巨人，让他睡下去吧，一旦他醒来，将会震撼世界的。”少顷，他又接着说道：“他在沉睡着，谢谢上帝，让他继续睡下去吧，不要去唤醒沉睡的巨人。”

倘若从 17 世纪往前回溯，明王朝曾经在短时期内转向西方，建造船队，足迹一度抵达非洲东海岸，并踏上了去欧洲的旅程，但外交上突然出现转折，远航停顿下来。延捱至清朝，东方帝国自我封闭，从此完全隔绝于西方世界和西方思想。乾隆帝曾夜郎自大地宣示：我天朝物产充裕，在国土以内并无匮乏之忧，更无必要以我之物从蛮荒之国交换物品云云。奉行“闭关锁国”国策最为严酷之时，朝廷曾颁发诏令：“寸板不得下海，片帆不得入口。”导致原本在科学和技术上遥遥领先于世界的东方巨人，停滞了，凝固了，成了名副其实的“沉睡的巨人”。

历史如此无情。1815 年 6 月 18 日，在比利时滑铁卢镇爆发了一场改变欧洲历史进程的大决战，英国人威灵顿公爵统帅的欧洲联军击溃了不可一世的法国皇帝拿破仑。欧洲征服者野心勃勃地急于在远东扩大自己的影响和势力，又发动了鸦片战争，其结果使中国开始觉醒了。

毫无疑问，对于中国这个古老的东方之国，公元 1840 年是一个历史的拐点。

当英国人的炮舰把“天朝上国”打落至“谷底”时，其远隔万里波涛之遥的大不列颠岛国机器化生产已基本取代手工业生产。从某种意义上说，鸦片战争的实质，是西方工业文明对于东方固守“天不变，道亦不变”道统的一次剧烈冲撞，是新兴工业革命对传统农耕社会的一次野蛮征服。

此后的中国，亦步亦趋地进入灾难深重的半殖民地半封建社会。面对“千年未有之变局”与“千年未遇之强敌”，各式各样的救国方略乱花迷眼：资本主义、改良主义、自由主义、社会达尔文主义、无政府主义、实用主义、民粹主义、工团主义……自鸦片战争以降，洋务运动、戊戌变法、甲午战争、辛亥革命、抗日救亡，百年劫难百年抗争百年奋起，中华民族复兴之路充满了惊天地、泣鬼神的艰难步履。

中国重新屹立于世界民族之林，是毛泽东领导的血与火的民族独立和人民解放战争缔造了中华人民共和国；发轫于 1978 年的改革开放，邓小平以其大智慧大勇气，引领着中国这艘巨舰在惊涛骇浪中破浪前进，经济发展大步跨越，社会转型风云激荡，文化繁荣走向多元，一跃而成为世界第二大经济体，全球为之瞩目，世界为之震撼，开启了中华民族历史的新纪元。

归宗炎黄，溯源华夏。从兴盛到衰败，再到复兴与崛起，雄辩地证明了中华民族蕴涵着一种巨大的内生力量——这就是中华民族的同心力与生命力，其内核基因则是：兴国之魂，强国之魄。

正如学者柏杨在《中国人史纲》中所阐述的：“中国像一个巨大的立方体，在排山倒海的浪潮中，它会倾覆，但在浪潮退去后仍顽强地矗立在那里，以另一面正视世界，永不消失、永不沉没。”

三

历史演进让人们想起另一位英国历史学家阿诺德·汤因比。他提出的一道哲学命题，既理性回应了“李约瑟之谜”，又令人信服地展示了不容置疑的前瞻性。

汤因比把世界历史划分为二十六种文明。他坚定地认为，应该把历史现象放到更大的范围内加以比较和考察——这种更大的范围就是“文明”。

面对一个饶有兴趣的设问：“如果再生为人，您愿意生在哪一个国家？”汤因比思索片刻，明确回答：“我愿意生在中国。”给出的理由是：“中国今后对于全人类的未来将起到非常重要的作用。”并阐明这是他对世界不同文明体系做了详尽的比较和研究、把中国置于全球演变的多维空间来评估之后所获得的审慎结论。

进化论人类学者达尔文也曾经讲过：“相对于其他文明，中华文明更具有典范意义。”

试想，当世界上五分之一的人口在现代化大道上迅跑；当中国成为“世界工厂”，整个东部海岸线上那条“地理级”生产线源源不断地向全世界输出商品，打造了20世纪末叶、21世纪初最耀眼的工业神话；当深圳、珠海、汕头、厦门、海南经济特区日新月异，带动着浦东、前海、横琴、南沙、环渤海经济圈、上海自贸区等一批新的经济版块连片成线；当中国人用短短40多年的时间，全方位推进市场化、工业化、城市化及国际化进程，几乎走完了西方发达国家近三百年所走过的历史；当中国体量快速增大，千真万确实现了“超英赶美”；与此同时，经济实力的大幅飙升，又带动了军事实力与国际话语权的显著提升……毫无疑问，中国的和平崛起，成为新世纪人类发展史上的标志性事件。

成功学上有一句话——成功与努力有关，成功更与选择有关。

毋庸置疑，20世纪末叶至21世纪初，中国社会转型获得巨大成功，既传承了古老的中华文明，又以开阔的胸襟拥抱当代世界，独步天下而风光无限。

新加坡前总理李光耀说：“今天，中国是世界上发展最快的发展中国家，其速度在五十年前是无法想象的，这是一个无人预料到的巨大转变。”并指称：“中国是按照自己的方式被世界接受的，而非作为西方社会的荣誉成员。”

当下，中国领导人规划的“国家治理体系和治理能力现代化”的顶层设计，以及“两个一百年”“民族复兴”和“中国梦”战略目标的提出，正是续接中国社会一百多年激越变革、激荡发展的壮阔历史，并朝着更为宏伟瑰丽的目标——“第五个现代化”迈进。

五千年中华文明亦称“华夏文明”。“华夏皆谓中国。而谓之华夏者，夏，大也；言有礼仪之大，兼有文章之华也。”《春秋》云：“中国者，聪明睿知之所居也，万物财用之所聚也，贤圣之所教也，仁义之所施也，诗书礼乐之所用也。”故而，每当中华民族遭遇到困难、挫折，中华文明的基因总会凝聚起全民族的智慧和力量，去战胜千难万险。

中华民族形成的多元性与混合性，奠定了中华文明的开放性与包容性；中华文明源远流长也得益于其海纳百川、兼收并蓄、求同存异；中华文明乐于与其他民族的文明和谐相处，借鉴其他民族文明中的积极成分，并在与其他民族文明交流中，既增强对域外文明的理解，又提升对自身文明的认同。

历史已经证明：东方这头“沉睡的狮子”醒来了，并以“和平的、可亲的、文明的”姿态展示在世界面前——这正是对于“李约瑟之谜”的生动诠释。

（原载2014年10月16日《人民日报》“观天下”）

目　录　Contents

第一章 百年追梦

第二章 中国道路

目 录　　Contents

第三章
中国精神

第四章
中国力量

目录　Contents

第五章 筑梦天下

附 录

第一章

百年追梦

图 1-1　中国国家博物馆

梦开始的地方

2012 年 11 月 29 日，这是一个普通的日子，北京风和日丽，长安街车水马龙，天安门广场游人如织……

上午 10 点，中巴车缓缓驶入巍峨矗立的国家博物馆，历史在这一刻将带给我们怎样的憧憬与期待呢？

国家博物馆庄严厚重，展厅四壁的浮雕从四大发

图 1-2　甲午海战

明到北京奥运，沉沦与抗争交织，奋斗与崛起辉映，鲜活地再现了泱泱华夏源远流长的文明史。

中国共产党第十八次全国代表大会刚刚闭幕半个月。此刻，新当选的中共中央总书记习近平和中央政治局常委李克强、张德江、俞正声、刘云山、王岐山、张高丽等，正流连于大型展览《复兴之路》展板前，凝神静思，探幽涉远，犹如在穿行一条长长的历史隧道：从鸦片战争到甲午海战到戊戌变法，从孙中山领导辛亥革命摧毁封建帝制到毛泽东带领中国共产党和中国人民创建中华人民共和国，邓小平、江泽民、胡锦涛一代又一代共产党人披荆斩棘、攻坚克难，开辟和发展中国特色社会主义道路……一路高蹈宏略波澜壮阔，回响着中华民族伟大复兴的铿锵脚步声。

在我国改革开放和现代化建设踏上新征程的重要时刻，在国家博物馆这一极具象征意义的地方，在中华民族的历史文化殿堂，习近平向全世界庄严昭告了中国梦。

> 我以为，实现中华民族的伟大复兴，就是中华民族近代最伟大的中国梦。因为这个梦想，它是凝聚和寄托了几代中国人的夙愿，它体现了中华民族和中国人民的整体利益，它是每一个中华儿女的共同期盼。
>
> 我坚信，中国共产党成立一百周年时，全面建成小康社会的目标一定能够实现；我坚信，中华人民共和国成立一百周年之时，把我国建成富强、民主、文明、和谐的社会主义现代化国家的目标一定会实现。我更坚信，中华民族伟大复兴的梦想一定会实现。
>
> ——习近平

这是党的十八大之后，中共中央政治局常委们别开生面的集体亮相、深谋远虑的集体发声——无疑，这是一次历史承诺，更是一次政治宣示。

一个伟大的历史性事件，也许就在看似寻常之中开始悄悄地萌动了……

关键词

中国国家博物馆 ／ 位于天安门广场东侧，这里收藏着130多万件我们先辈留下的宝贵文化遗产，如镇馆之宝四羊方尊和开国大典油画。百余年来，国家博物馆积淀了深厚的历史文化底蕴，记载着中华民族五千多年的文明足迹，展示着我们伟大祖国的历史文化艺术和社会发展的光辉成就，是中华儿女传承历史、开拓未来的精神家园。同时，这里也是中华文明与世界文明对话的重要窗口，是展示整个人类文明的宏伟殿堂。

中国共产党 ／ 成立于1921年7月，带领中国人民获得了抗日战争和解放战争的胜利。是中华人民共和国唯一执政党，是中国工人阶级的先锋队，同时也是中国人民和中华民族的先锋队，是中国特色社会主义事业的领导核心。

鸦片战争 ／ 1840年利益受损的鸦片商成功说服英国政府对中国发动侵略战争，史称鸦片战争。由于军队腐败和武器落后，最终中国战败，被迫签订不平等的《南京条约》，除大量的战争赔款，还要割让香港岛。此战之后，中国的

图 1-3　鸦片战争

大门逐渐被侵略者打开，开始了一个世纪饱经屈辱的被侵略历史。鸦片战争因而被认为是中国近代史的开端。

甲午战争 ／ 经过明治维新的日本从东亚边缘国家一跃成为能与清政府平起平坐的大国。1894 年，朝鲜爆发东学党起义，中日两国都派出军队支援朝鲜王室。不久，在朝鲜的日本军队向中国军队进攻，战争爆发。因时在农历甲午年，所以这次战争被称为甲午战争。

戊戌变法 ／ 1898 年 6 月 11 日至 9 月 21 日维新派人士通过光绪帝进行倡导学习西方科学文化，改革政治、教育制度，发展农、工、商业等的政治改良运动。

辛亥革命 ／ 1911 年 10 月 10 日武昌新军发动起义。革命军很快攻占汉口、汉阳，接着湖南、广东、江西等 15 个省相继宣布独立。因在农历辛亥年，所以称为辛亥革命。1912 年清帝宣布退位，结束了中国长达两千多年的帝制。

中国梦的起源

中国梦提出来以后，无论是国内还是在世界上，都产生了非常好的反响，那么大家也就自然会问，这个梦是从哪里来，又向哪里去？这是大家非常关注的一个问题。

——求是杂志社社长　李捷

以习近平同志为总书记的党中央，坚持和发展中国特色社会主义，鲜明宣示实现中华民族伟大复兴的中国梦，反映了近现代以来一代又一代中国人的美好夙愿，进一步揭示了中华民族的历史命运和当代中国的发展路径，指明了全党全国各族人民共同的奋斗目标，坚定了中国共产党的执政理念，为中国特色社会主义理论注入了新的内涵，对于团结动员全体人民开辟现代化事业新境界，具有重大而深远的意义。

中国梦核心就是实现中华民族的伟大复兴。它的基本内涵就是国家富强、民族振兴、人民幸福。中国梦是国家的，民族的，归根到底是人民的。要理解中国梦，首先要理解它提出的背景，为什么要提出这么一个概念呢？

——中共中央文献研究室副主任　孙业礼

中国梦和党的十八大提出的“两个一百年”奋斗目标是紧密相连的：到2020年，在中国共产党成立一百年的时候，实现国内生产总值和城乡居民人均收入比2010年翻一番，全面建成小康社会；到21世纪中叶，也就是中华人民共和国成立一百年的时候，全面建成富强、民主、文明、和谐的社会主义现代化国家。为实现这样伟大的目标和任务，需要一个核心概念来阐述它，也需要有一面精神旗帜来激励人民的斗志，激发社会正能量；而中国梦的提出，既生动形象又富有感召力，中国梦昭示的是中华民族的一种血气、一种骨气、一种志气！

各方“解梦”

中国梦一经提出，立即在社会各界引起广泛共鸣，从报纸荧屏到街头巷尾，从QQ群、朋友圈到微博，中国梦成为激荡神州大地、承载亿万海内外儿女梦想和重托的热门词汇。

中国梦引发“世界回响”——成为许多国家政要、学者和媒体谈论的焦点。

尼日利亚前总统奥巴桑乔说：中国梦不是政治口号，它勾画出了一个完全可以实现的愿景，很值得非洲学习。

美国未来学家、《中国大趋势》作者约翰·奈斯比特指出：强大的中国领导层，以及受过良好教育的众多党员，正利用千载难逢的机会按照自己的想法打造中国梦。

俄罗斯科学院远东研究所中国政治研究中心高级研究员亚历山大·拉林说，中国梦准确地阐释了当今人类的理想与追求，具有普遍性。

德国汉学家、民族学家南因果博士认为：无论是中国领导人还是民众，都对中国梦充满期待。中国梦是属于世界的，也是由亿万个普通中国人的个人梦想汇集而成的。

美国《新闻周刊》载文称，中国梦会产生深远影响，将“重振中国光辉史”。

英国《金融时报》则刊文称：中国的梦想，不仅关乎中国的命运，也关乎世界的命运。

> 中国梦不是做世界霸主的梦，而是和世界其他的国家共同繁荣、共同发展、和平相处的梦，这样的梦也不是去索取社会资源的梦，而是中国为世界做出更大贡献的梦，这是第一个维度，宏观的，中国和世界的关系。第二个维度是中观的，主要是在国家、民族和人民之间关系当中来讲，这个内涵就是三句话：“国家富强、民族振兴、人民幸福。”第三个是（从）微观的维度来讲中国梦的内涵，就是总书记讲的，让每个人人生出彩之梦，是每个人和祖国一起成长的梦。
>
> ——中共中央党校研究生院院长　韩庆祥

关键词

俄罗斯科学院远东研究所 ／ 成立于1966年，研究范围包括与中国、日本、朝鲜半岛的关系及这些国家的社会经济发展状况、历史、哲学、文化、民族等问题，该所的中国学研究实力雄厚。

汉学家 ／ 从事中国人文社会科学研究的外国学者，现在更多被称为中国学家，著名的有许理和、理雅各、费正清、李约瑟等。

民族学家 ／ 对民族的起源、文化、历史、习俗等方面进行研究的专家。

图 1-4　古埃及文明

从“天朝上国”到“东亚病夫”

人类历史曾创造灿烂辉煌的文明形态，古埃及文明、古巴比伦文明、古印度文明、华夏文明和古希腊文明。史籍记载，埃及、西亚、希腊、印度、中国曾经是世界古代文明的五大中心区域。伟大的中华文明五千多年一脉相承、生生不息……

从伏羲明道到精卫填海，从女娲补天到大禹治水；从始皇一统到汉唐盛世，从富庶大宋到繁华明

图 1-5　古希腊文明

代；从冶铁铸剑到火药发明，从造纸技术到活字印刷，从指南针的运用到郑和七下西洋……勤劳智慧的华夏子孙向世界奉献的文明成果，以及物华天宝的“天朝上国”，让世人钦慕、万国敬仰。

1840 年的鸦片战争，无疑是中国人心中永远的痛。西方列强一巴掌把大清帝国打落“谷底”，从此国门洞开，风雨交加……

1872 年，李鸿章在《复议制造轮船未可裁撤折》中哀叹曰：“臣窃惟欧洲诸国，百十年来，由印度而南洋，由南洋而中国，闯入边界腹地，凡前史所未载，亘古所未通，无不款关而求互市。”

落后就会挨打。帝国主义列强蜂拥而至，灾难深重的中国内忧外患，无约不损，无战不败，神州陆沉，山河破碎，中华民族到了危如累卵、大厦将倾的时刻。

戊戌变法先驱康有为曾在《三月十七日保国会上演讲辞》中痛心疾首："吾中国四万万人，无贵无贱，当今日在覆屋之下、漏舟之中、薪火之上，如笼中之鸟、釜底之鱼、牢中之囚，为奴隶，为牛马，为犬羊，听人驱使，听人宰割，此四千年中二十朝未有之奇变。"

图 1-6　中国古代四大发明

图 1-7　郑和下西洋

图 1-8　林则徐

关键词

古埃及文明 ／ 约公元前 3100 年至公元前 30 年埃及尼罗河流域发展出了高度的人类文明，既有现已破译的象形文字，又有高度发达的度量系统和建筑技术，至今深受游客喜爱的金字塔就是这一时期的遗迹。

古巴比伦文明 ／ 苏美尔文明后两河流域的文明发展为古巴比伦文明。目前发现的人类第一部比较完整的成文法典汉谟拉比法典、泥板书文字、城邦制都是这一文明的代表，古巴比伦城是当时世界上最繁华的城市，“空中花园”被列为古代世界七大奇迹之一。

古印度文明 ／ 约公元前 2500 年印度河流域出现高度发达的城市文明。随着时代的发展，古印度人建立了严密的社会等级制度，在文学、哲学、宗教和自然科学领域对人类文明做出了独特贡献。

古希腊文明 ／ 从公元前 800 年至公元前 146 年今希腊半岛及其附近地中海地区产生了高度的文明。古希腊人在哲学、文学、艺术、戏剧、神话等诸多方面达到很高的高度。古希腊文明是西方文明的源头。

伏羲 ／ 相传伏羲创造了八卦，阐明了天地万物运行的规律，今甘肃天水的伏羲庙有“开天明道”的匾。

图 1-9　古巴比伦文明

精卫 ／ 在中国上古神话中炎帝神农氏的小女儿溺亡于东海，其精灵化身为鸟，每天衔来石头和草木，投入东海，然后发出“精卫、精卫”的悲鸣。

女娲补天 ／ 据《淮南子》记载，传说在远古时代，支撑天的四根柱子倾倒了，大地裂开，女娲于是冶炼五色石来修补天，世界恢复了平静。

大禹治水 ／ 当尧还在世的时候中原地区洪水泛滥，人们流离失所，禹继承父亲鲧的事业，采用疏导的办法处理洪水，历经十三年获得成功。治水期间，大禹曾“三过家门而不入”。

图 1-10　大禹

始皇一统 ／ 春秋战国时期诸侯称霸，战争不断。嬴政成为秦国的国君后，国力日增，先后灭韩、赵、魏、楚、燕、齐六国，于公元前 221 年统一了全国，称始皇帝。

活字印刷 ／ 活字印刷的方法是先将单字制成阳文反文字模，然后按照书稿把单字挑选出来，排列在字盘内，涂墨印刷，印完后再将字模拆出，留待下次排印时再次使用。北宋毕昇发明的泥活字，标志活字印刷的诞生。

郑和下西洋 ／ 1405 年朱元璋之子明成祖朱棣曾命郑和率两百多艘海船、3 万多人，沿着海上丝绸之路航海贸易。这样的航行一直进行到 1433 年，共有七次，最远到达东

图 1-11 李鸿章

非和红海，至今仍留有很多遗迹。

李鸿章 ／ 安徽合肥人，晚清洋务运动的领袖，曾官至直隶总督，授文华殿大学士。

康有为 ／ 广东南海人，参与戊戌变法。流亡海外期间联络华侨组成保皇党，主张君主立宪。

复兴之路

“一心中国梦，万古下泉诗。”

北京长安街，取盛唐之意，东设建国门，西置复兴门，谓之长治久安也！何谓“复兴”？唯有自身文明曾经繁荣昌盛过的民族，才有资格提出复兴的目标；唯有承受过艰难困苦而始终不曾放弃梦想的民族，才有力量提出复兴的目标；唯有真正伟大的民族才不会在苦难中沉沦，反而会从苦难中奋起。

“灵台无计逃神矢，风雨如磐暗故园。”

在沉沉的暗夜里，在厚厚的冻土下，一粒梦的种子也在深深地植根、悄悄地萌发，这就是民族复兴之中国梦。

一个半多世纪以来，多少志士仁人舍生取义，无数英雄豪杰奋起抗争，古老中华民族踏上了一条充满悲壮、充满艰辛而又浩气长存的复兴之路。

以孙中山为代表的资产阶级革命派认识到只有革命才是中国的出路，于是发动武昌起义，将腐朽的清王朝掀翻在地，终结了两千多年的君主专制制度，建立中国乃至亚洲历史上第一个资产阶级共和政府，实现了 20 世纪中国的一次历史性巨变。然而，胜利果实很快被封建余孽和野心家窃取了，中国继续深陷在

图 1-12　孙中山

战乱与贫困之中……

帝国主义列强的侵略，打破了中国人学习西方的梦想。

在民族危难的历史关头，中国共产党破茧而出，在华夏大地掀起了一场前无古人的彻底的反帝反封建的新民主主义革命：从大革命失败后的南昌起义、秋收起义、广州起义到古田会议创立建党建军路线；从开辟井冈山第一块农村革命根据地到中华苏维埃共和国横空出世；从历经九难十八险的万里长征到高擎起抗日救亡的大旗；从九一八民族蒙难到赢得近代以来第一次取得完全胜利的中国人民抗日战争；从西柏坡

图 1-13　韶山冲毛泽东故居

“最后一个农村指挥所”指挥波澜壮阔的解放战争，到天安门广场上升起第一面五星红旗……在长达28年金戈铁马的民族独立和人民解放战争中，无论其历史规模与社会内涵，都为这个积贫积弱的东方民族注入了勃勃生机。

历史生动地证明，从韶山冲走出来的毛泽东，成为领导这场艰苦卓绝革命的最杰出的民族英雄和人民领袖！

关键词

孙中山 ／ 广东香山（今中山）人，主张政治上实行民主共和，在他的带领下推翻了清政府的统治，辛亥革命后被推举为中华民国临时大总统，随后又与称帝的袁世凯、各路军阀斗争，晚年制定联俄、联共、扶助农工的政策，1925 年逝世。

大革命 ／ 亦称国民革命，是1924~1927 年国共合作共同推翻北洋军阀统治的战争。

南昌起义 ／ 1927 年 8 月 1 日面对国民党的反革命行动，中国共产党在江西南昌起义，拉开了中国共产党独立领导武装斗争的序幕，也是人民军队的建立日。

秋收起义 ／ 1927 年 9 月秋收期间，中国共产党在江西、湖南边界发动的武装起义。

广州起义 ／ 1927 年 12 月 11 日，在张太雷、叶挺、叶剑英等领导下，第四军教导团、警卫团一部和工人赤卫队在广州发动起义，建立了广州市苏维埃政府。

古田会议 ／ 1929 年 12 月 28~29 日，红四军在福建上杭古田举行会议，确立了共产党对军队的绝对领导原则。

井冈山革命根据地 ／ 秋收起义失败后，毛泽东率领部队

图 1-14　南昌起义

到达位于湘赣边界的井冈山进行游击战争，领导农民打土豪分田地，逐渐在这一地区建立了红色政权，为党领导下的第一个农村革命根据地。

中华苏维埃共和国 ／ 1931 年 11 月 7 日，中华苏维埃共和国在江西瑞金成立，毛泽东担任主席。

长征 ／ 1934 年 10 月，第五次反“围剿”失败后，工农红军被迫长征。历经 14 个省，走过草地，翻过雪山，历经二万五千里，于 1935 年 10 月与陕北红军胜利会师。第二年 10 月，红军三大主力会师，长征结束。

图 1-15　长征中过雪山

九一八事变 ／ 1931 年 9 月 18 日夜，日本关东军炮轰沈阳的东北军北大营。次日占领沈阳，之后又陆续侵占了整个东北三省。标志着中国人民抗日战争的开始。

抗日战争 ／ 九一八事变后，中国人民开始了反抗日本的侵略斗争。历经 14 年艰苦卓绝的战斗，中国人民在 1945 年获得了最终的胜利。

西柏坡 ／ 河北石家庄平山县的一个小村庄，解放战争时期是中共中央驻地，有“新中国从这里走来”的美誉，是中国革命三大摇篮之一。

解放战争 ／ 抗日战争胜利后，国民党实行一党独裁制度，拒绝中共和民主党派建立民主联合政府的主张。自 1946 年 6 月起，经过三年的战争，中国共产党带领人民取得了解放战争的胜利。

终成正果

中华人民共和国中央人民政府今天成立了！

——毛泽东

新中国的成立，开启了中华民族历史的新纪元。从此，一个不再被人欺辱的民族，为实现国家繁荣富强、人民共同富裕，而开始独立探索适合中国国情的社会主义建设之路。

新中国成立以后，分为两个时期，改革开放前的历史时期和改革开放后的历史时期。习近平总书记强调，不能用改革开放后的历史否定改革开放前的历史，也不能用改革开放前的历史否定改革开放后的历史，这就是“两个不能否定”。这个重要的观点，对于我们正确认识改革开放前后两个历史时期，乃至正确认识整个党的历史具有重要的指导意义。

——中共中央党史研究室副主任　张树军

图 1-16　小岗村分田到户

Party 带领我们再出发

1978 年 12 月 18 日，中国共产党十一届三中全会在北京京西宾馆隆重开幕。

> 我主要讲一个问题，就是解放思想，开动脑筋，实事求是，团结一致向前看。
>
> ——邓小平

与此同时，远在安徽凤阳小岗生产队一座破旧的土屋里，衣衫褴褛的18户农民在一张皱巴巴的草纸上，共同摁下了鲜红鲜红的“分田到户”的手印——历史的门扉被骤然叩响：中国最高层的政治家与最基层的农民们，共同翻开了风起云涌的社会大变革的新篇章！

邓小平在党的十二大开幕词中，高瞻远瞩地提出了“建设有中国特色的社会主义”的战略思想。

> 我们的现代化建设，必须从中国的实际出发。把马克思主义的普遍真理同我国的具体实际结合起来，走自己的道路，建设有中国特色的社会主义，这就是我们总结长期历史经验得出的基本结论。
>
> ——邓小平

以邓小平同志为核心的党的第二代中央领导集体，确立了党在社会主义初级阶段的基本路线，科学回答了“什么是社会主义，怎样建设社会主义”的重大课题。

> 我们之所以把三中全会作为开辟中国道路的标志，一个核心的体现就是因为这个全会明

确地、果断地停止使用以前的一个著名口号，叫“以阶级斗争为纲”，明确提出“把党的工作重心转移到经济建设上来，而且实行改革开放的政策”，确立了我们党在社会主义初级阶段的基本路线，以经济建设为中心，坚持四项基本原则，坚持改革开放。这个基本路线一确立，中国特色社会主义道路就有了魂。

——中共中央文献研究室副主任　陈晋

深圳莲花山顶，七峰如莲，松柏苍翠，绿荫匝地。

邓小平全身塑像高高耸立。他老人家目光炯炯，脚步匆匆……似乎又一次巡视在珠江三角洲这片热土上。

回首1979年和1986年，邓小平曾两度荣登美国《时代》周刊年度“风云人物”榜，标题赫然写着:“邓小平，中国新时代的形象。”《时代》周刊驻北京分社社长里查德·霍尔尼克曾充满敬意地说，邓小平“给世界带来了震撼”，“他所做的事情，世界上没有任何其他领导人能够望其项背”。

2000年11月14日，江泽民专程前来为邓小平塑像揭幕。

2003年4月12日，胡锦涛深情瞻仰了这位世纪伟人。

2012 年 12 月 8 日，习近平向耸立在莲花山顶的邓小平铜像敬献花篮、致以崇高敬意。

这是后继者对先驱者满怀敬仰的追思，同时又是后继者对先驱者的庄严承诺。

以邓小平为主要代表的中国共产党人在新时期实现了第一次伟大觉醒，精辟分析和把握天下大势，洞察"和平与发展"是当今时代之主题，从而找准了我国社会的历史方位，科学回答了社会主义的根本任务，开创了中国特色社会主义的崭新道路。

江泽民郑重提出"三个代表"重要思想："我们党之所以赢得人民的拥护，是因为我们党在革命、建设、改革的各个历史时期，总是代表着中国先进生产力的发展要求，代表着中国先进文化的前进方向，代表着中国最广大人民的根本利益。""三个代表"重要思想的提出，反映了当代世界和中国发展变化对党和国家工作的新要求，创造性地回答了建设什么样的党、怎样建设党的时代课题。

胡锦涛明确指出："科学发展观总结了 20 多年来我国改革开放和现代化建设的成功经验，吸取了世界上其他国家在发展进程中的经验教训，揭示了经济社会发展的客观规律，反映了我们党对发展问题的新认识。"这一精辟阐述对新形势下实现什么样的发展、怎样发展等重大问题做出了新的科学回答。

历史这样书写：毛泽东思想、邓小平理论、“三个代表”重要思想、科学发展观——是一脉相承、与时俱进的中国化的马克思主义，引领一穷二白的中国走上了艰苦奋斗、变革图强的现代化征途。

改革再出发，改革再扬帆。

2013 年 11 月 9~12 日，中国共产党十八届三中全会在北京召开。会议通过的《中共中央关于全面深化改革若干重大问题的决定》，表明改革范围之广、力度之大，都将是空前的，必将强有力地推动中国经济社会各领域的深刻变革，毫无疑问是党在新的历史起点上全面深化改革的科学指南和行动纲领。

从十一届三中全会到十八届三中全会，每一次三中全会基本上都是以改革开放为主题。事实证明，改革开放是决定当代中国命运的关键抉择，是党在新的时代条件下带领全国各族人民进行的新的伟大革命。

——中共中央党史研究室副主任　李忠杰

改革，站在历史的新起点上再出发：回归共产党党风优良传统，重塑治国理政信念；正风肃纪，刮骨疗毒，猛药治疴，修复官场政治生态；倡导公平正义，化解社会危机，重构国家秩序；传承优秀文化，弘扬时代精神，彰显社会主义核心价值体系；校正中国的发展模式。

关键词

十一届三中全会 ／ 1978 年 12 月 18~22 日，中国共产党第十一届中央委员会第三次全体会议在北京举行。会议决定将中国共产党的工作重点转移到经济建设上来，标志着改革开放的开始。

分田到户 ／ 将土地的经营权分给每一户农民，成为中国农村改革开放的突破口，这种模式很快在全国推广开来。

十二大 ／ 中国共产党第十二次全国代表大会于 1982 年 9 月 1~11 日在北京召开，正式提出建设有中国特色的社会主义，开创了社会主义现代化建设的新局面。

社会主义初级阶段 ／ 特指我国生产力落后、商品经济不发达条件下建设社会主义必然要经历的特定阶段，时间段是从 1956 年社会主义改造基本完成到 21 世纪中叶社会主义现代化基本实现。

十三大 ／ 1987 年的中国共产党第十三次全国代表大会决定，社会主义初级阶段的基本路线是，领导和团结全国各族人民，以经济建设为中心，坚持四项基本原则，坚持改革开放，自力更生，艰苦创业，为把我国建设成为富强、民主、文明的社会主义现代化国家而奋斗。

四项基本原则 ／ 即坚持社会主义道路，坚持人民民主专政，坚持中国共产党的领导，坚持马列主义、毛泽东思想。

邓小平塑像 ／ 2000 年值深圳经济特区成立 20 周年之际，为了表达对改革开放总设计师邓小平同志的敬仰与怀念之情，深圳市政府在莲花山公园树立邓小平塑像。塑像高 6 米，为硅青铜材质，邓小平身披风衣，气宇轩昂，步伐坚实，大步向前行走。

今日之中国

我们有底气自豪地宣告：当世界上占 1/5 人口的中国在现代化大道上疾行，当中国成为名副其实的“世界工厂”，当中国整个东部海岸线上那条“地理级”生产线源源不断地向全世界提供商品，打造了 20 世纪末叶、21 世纪初最耀眼的工业神话，当中国人用短短 35 年的时间，全方位地推进市场化、工业化、城市化及国际化进程——我们就这样几乎走完了西方发达国家 100 年、200 年乃至 300 年所走过的历史！

改革开放 40 年来，中国经济实力、科技实力、国防实力以及综合国力大幅跃升，国内生产总值年均增速近 10%，从 1978 年的 3645 亿元增长到 2017 年的 82.7 万亿元，经济总量跃居世界第二，人均国内生产总值超过 59660 元，城镇化率达到 58.52%。

毫无疑问，在当今世界经济面临不稳定、不确定因素突出的背景下，中国已经成为推动世界经济增长的强大引擎之一。

现在比历史的任何时期都更加接近中华民

族伟大复兴这个目标，我们现在比历史上任何时期都有信心、都有能力实现这个目标。

——习近平

小梦汇成中国梦

美国前国务卿亨利·基辛格博士，曾在他的名著《大外交》一书中开宗明义地指出：世界每隔百年就会出现一个新的全球大国。

百年坎坷复兴路，世纪沧桑强国梦。

有哲人指出，一个国家处于上升期的标志之一，是这个国家开始拥有她的“造梦”能力，她的国民也开始自信地谈论自己的梦想。

有梦想的人才会走得更远，才会走得更踏实。

——公司职员　杨济宁

工作收入更高一点，家庭更稳定一点。

——软件工程师　郑大伟

我俩的梦想就是让孩子上大学。

——私营企业主　唐和平

我的梦想就是在南极冰盖最高点，打一只穿透冰盖的深冰芯，取得超过百万年的古老冰芯，重建百万年以来的高精度的气候变化记录，这意味着我们能再（把世界）气候记录再往前推 10 万—20 万年。

——中国南极考察队冰川学家　李院生

真正把海洋大国变成一个海洋强国，这是我的一个梦想。

——“海巡 01”船长　姜龙

今日之中国，其行进也迅疾，其承载也浩大，但距离两个一百年目标、民族复兴梦想，依然面对着“行百里者半九十”的严峻考验。改革涉入深水区，发展面临攻坚战，在推进社会主义现代化的道路上，我们敢于迎接前所未有的挑战，敢于面对世所罕见的困难。

“长风破浪会有时，直挂云帆济沧海。”

没有梦想的民族是可悲的，对美好梦想没有坚定不移、矢志不渝精神的民族同样没有前途。自强不息、坚韧不拔是中华民族固有的精神基因。回望历史，面对列强的坚船利炮，中华民族奋起抗争；面对新中国成立之初的百废待兴，中国人民奋发图强；面对现代化征程中的困难与挑战，中华儿女怀揣中国梦，一路高歌前行。

梦想的太阳，不再像一个半世纪前那样遥远，甚至也不像一甲子前可望而不可即，它已经在东方地平线上喷薄而出，万道朝霞正光耀在我们的眼前……

关键词

亨利·基辛格 ／ 美国著名的外交家，在 1972 年尼克松访华和中美恢复建交中发挥了重要作用。

“行百里者半九十” ／ 出自《战国策》，意思是一百里的路程，走了九十里只能算是才开始一半而已。比喻做事越接近成功越困难，越要认真对待。

第二章

中国道路

面对这样一个饶有兴趣的提问："如果再生为人，您愿意生在哪个国家？"

英国历史学家阿诺德·汤因比思索片刻，明确回答："我愿意生在中国。"

汤因比以历史学家的眼光给出的理由是："中国今后对于全人类的未来将起到非常重要的作用。"并阐明这是他对世界不同文明体系做了详尽的比较和研究，把中国置于全球演变的多维空间来评估之后所获得的审慎结论。

一部中国近代史，足以令观者眼花缭乱，令智者从沉重和苦难中看到东方醒狮的后发力量。

纵观百年屈辱百年抗争，各式各样的救国方略乱花迷眼：资本主义、改良主义、自由主义、社会达尔文主义、无政府主义、实用主义、民粹主义、工团主义……一时间"你方唱罢我登场"，但最终都纷纷碰壁了，破产了。

关键词

阿诺德·汤因比 ／ 英国历史学家，其最有名的著作是12卷的《历史研究》（*A Study of History*）。该书分析了世

图 2-1　汤因比《历史研究》书影

界各主要文明的兴起和衰落，十分看重中国文明在历史上和未来的作用。

资本主义 ／ 是资本属于个人的经济制度，私有制是其最核心的特点。

改良主义 ／ 19 世纪末在工人运动蓬勃发展的背景下，改良主义主张以温和的手段对社会制度进行渐进式的改良，不赞成暴力革命。

自由主义 ／ 产生于 19 世纪初，提倡以私有财产为核心的个人权利，相信人类善良本性，主张个人活动和发展的完全自由。

社会达尔文主义 ／ 由斯宾塞提出，认为社会可以和生物有机体相比拟，社会与其成员的关系犹如生物个体与细胞的关系，达尔文主义的核心适者生存同样适用于人类社会。该思潮从 19 世纪下半叶风行至第二次世界大战。

无政府主义 ／ 其基本立场是反对包括政府在内的一切统治和权威，提倡个体之间的自助关系，关注个体的自由和平等。

实用主义 ／ 以确定信念作为出发点，以行动为主要手段，将获得实际效果当作最高目的。实用主义在 19 世纪末至 1940 年代为美国哲学的主导，甚至被视为美国半官方哲学。

民粹主义 ／ 产生于 1880 年代的美国，亦称平民主义，以维护平民的利益为由反对权威。

工团主义 ／ 主张通过纯粹的工业组织和斗争来推翻资本主义国家。

路在何方

中国向何处去，中华民族的出路到底在哪里？

> 实现中国梦，必须走中国道路，这就是中国特色社会主义道路。这条道路来之不易，它是在改革开放30多年的伟大实践中走出来的，它是在中华人民共和国成立60多年的持续探索中走出来的，是在对近代以来170多年中华民族发展历程的深刻总结中走出来的，是在对中华民族5000多年悠久文明的传承中走出来的，具有深厚的历史渊源和广泛的现实基础。
>
> ——习近平

中国之所以选择共产党，人民之所以选择共产党，历史之所以选择共产党，是因为中国共产党人忠实代表人民的根本利益，为中国开辟了一条走向富强、民主、文明、和谐之路。这条道路是可以为各民族、各党派、各阶层、各方面，即最广大的中华儿女所认同的，也是为全世界有正义有良知的人们所赞赏的——更是中国走向未来、实现两个一百年奋斗目标的必然选择。

图 2-2　嘉兴南湖——中共一大最后一天开会地

我们党所创立的中国特色社会主义具有重大的现实和历史意义。首先，它坚持了社会主义，习近平同志指出，科学社会主义基本原则不能丢，丢了就不是社会主义，我们党始终强调，中国特色社会主义既坚持科学社会主义基本原则，又根据时代的条件（被）赋予鲜明的中国特色。

——中共中央党校教授　赵曜

每个国家和民族都有自己的特点，应该根据本国国情选择发展道路。

任何理论和制度，必须本土化才能根深叶茂、绽放华彩。

中国特色社会主义道路是引领中国进步、实现人民幸福的必由之路。

开辟中国特色社会主义道路，实现中华民族的伟大复兴——发轫于鸦片战争以来一代又一代志士仁人的上下求索，奠定于毛泽东领导新民主主义革命胜利和进行社会主义建设艰难曲折的实践，成功于邓小平高蹈宏阔的改革开放谋略与勇于闯关的胆识，传承光大于江泽民、胡锦涛、习近平继往开来、与时俱进的阔步向前。

“历尽天华成此景，人间万事出艰辛。”

关键词

“两个一百年”奋斗目标 ／ 在中国共产党成立一百年时全面建成小康社会；在中华人民共和国成立一百年时建成富强、民主、文明、和谐的社会主义现代化国家。这两个目标是中国梦的核心。第一次提出是在中国共产党第十八次全国代表大会上。

图 2-3　日本新干线列车

探路者

1978 年，中国尚处于改革开放的前夜，访问日本的邓小平乘坐新干线列车后，感慨良多。

> 就感觉到快，有催人跑的意思，我们现在正合适坐这样的车。
>
> ——邓小平

1987年10月，匈牙利社会主义工人党总书记卡达尔来华访问。邓小平即对他提出忠告：既不能照搬西方国家的做法，也不能照搬其他社会主义国家的做法，更不能丢掉自己制度的优越性。

江泽民明确指出：中国的社会主义既不是苏联模式，也不是东欧模式，而是有中国特色的社会主义。

胡锦涛坚定表示：我们既不走封闭僵化的老路，也不走改旗易帜的邪路。

道路关乎国家前途、民族命运、人民幸福——中国正是勇于实践、大胆创新，逐步形成了自己的发展模式。

“众里寻他千百度，蓦然回首，那人却在灯火阑珊处。”

中国特色社会主义道路，是中国共产党带领全国各族人民在不懈探索和艰苦奋斗中一步一个脚印踏出来的。

独特的文化传统，独特的历史使命，独特的基本国情，注定了我们必然要走适合自己特点的发展道路。

习近平在接受金砖国家媒体联合采访时，睿智地讲道：正如一棵大树上没有完全一样的两片树叶一样，天下没有放之四海而皆准的经验，也没有一成不变的发展模式。只有走中国人民自己选择的道路，走适合中国国情的道路，最终才能走得通，走得好。

关键词

新干线 ／ 是贯穿日本全国的高速铁路系统，1964 年东京奥运会前夕开始通车运营，空车试验时速最高可达每小时 603 千米。

金砖国家 ／ 最初指成长前景看好的新兴市场国家——俄罗斯、中国、巴西、印度，因四国英文名的首字母组合（BRIC）与英语单词（Brick）类似，所以被称为金砖国家。2006 年经俄罗斯倡议举行金砖国家外长会议，成员分别是巴西、俄罗斯、印度和中国，2010 年南非加入。

走自己的路

随着中国综合国力和国际地位上升，国际上关于“北京共识”、“中国模式”、“中国道路”等议论和研究也多了起来，其中不乏肯定和赞扬者。一些外国学者认为，中国的快速发展，导致一些西方理论正在被质疑，一种新版的马克思主义理论正在颠覆西方的传统理论。

2004年5月，英国著名思想库伦敦外交政策研究中心发表了《北京共识：提供新模式》的研究报告，认为中国通过努力、主动创新和大胆实践，摸索出了一个适合本国国情的发展模式。

曾经提出“历史终结论”的美国学者福山也修正了自己的观点，认为：“‘中国模式’的有效性证明，西方自由民主并非人类历史进化的终点。人类思想宝库要为中国传统留有一席之地。”

世界是丰富多彩的，一个国家走什么道路，是由这个国家的历史文化传统、经济社会发展水平等因素综合决定的。鞋子合不合脚，自己穿了才知道。一个国家的发展道路合不合适，只有这个国家的人民才最能做出判断和抉择。

学者张维为在《中国震撼》一书中指出：“如果中

国当初没有自己的坚持，而是亦步亦趋跟随西方的话，中国的命运不会比前苏联和前南斯拉夫好，国家大概早就解体了。”张维为同时强调说：“中国是以西方不认可的方式而崛起的，今后也会继续以西方不认可的方式成为世界最大的经济体并深刻地影响世界的未来。”

> 西方一直讲，特别我们叫“华盛顿共识”，我把它称之为“市场原教旨主义”。金融危机证明了，如果全部依赖市场的话，要出大问题。
>
> ——《中国震撼》作者　张维为

显而易见，由美国次贷危机引爆的国际金融危机，暴露出了西方资本主义国家在经济、社会和政治等多方面的问题。

爆发金融危机的第一年，一组数据即令全世界为之震惊：

2009 年，全球 GDP 下降了 2.2%；

2009 年，全球失业人口总数高达近 2.12 亿人，失业率为 6.6%；

2009 年，全球长期处于饥饿状态的人口数量首次突破 10 亿人……

美国前国家安全顾问布热津斯基尖锐地指出：“在失控和可能仅为少数人自私地牟取好处的金融体系下，

图 2-4　次贷危机漫画

在缺乏任何有效框架来给予我们更大、更雄心勃勃的目标的情况下，民主是否还能繁荣，这还真是一个问题。”

所以西方自己现在也在反思，包括金融危机以后，他们主要的一个认识就是由于长期的这种选举政治，造成了西方的政策它是短期化的，而且是功利化的，选前漫天地许愿，选后呢，实际上又为新的一轮选举做准备，所以它很难顾及一个国家整体的利益和长远的利益，而是为了赢得每一次眼前的选举而不负责任地去开出一些空头支票。

——中国社会科学院政治学研究所所长　房宁

关键词

历史终结论 ／ 冷战结束后，如何评价资本主义制度和社会主义制度及其命运成为理论界普遍关注的话题。1988 年，日裔美籍学者福山发表《历史的终结？》一文，认为历史的发展只有一条路，即西方的市场经济和民主政治，社会主义没有出路。

次贷危机 ／ 又称次级房贷危机，是指美国次级房屋抵押贷款机构违约剧增引发的金融风暴。次贷危机从 2006 年春季开始逐步显现，2007 年 8 月开始席卷欧盟和日本等世界主要金融市场。

选举政治 ／ 指国家或其他政治组织依照一定的程序和规则，由全部或部分成员抉择一个或少数人充任该组织某种权威职务的政治过程。除投票行为外，还包括政治捐助、组织选民、政治宣传及其他影响选举过程或结果的活动。

GDP ／ 是国内生产总值的英文缩写，是指一个国家或地区所有常驻单位在一定时期内生产的所有最终产品和劳务的市场价值，是衡量总体经济状况的重要参考指标。

发展才是硬道理

发展是硬道理——我们所坚持的“中国道路”，给中国老百姓带来的实惠，是举世公认的。

安徽凤阳小岗村，当年率先实行土地大包干，拉开了波澜壮阔的中国农村改革序幕。30 多年过去了，小岗村始终承受着来自海内外灼热关注的目光。

我们小岗村是中国农村改革的发源地，经过了近 35 年的改革发展，应该说我们小岗村的经济、社会（生活）得到了很大发展，老百姓的收入也得到了极大的提高。你像去年（2013 年），我们老百姓的人均纯收入已经达到了 1.21 万元，乡亲们都住上了别墅，像我们这个小区就是最近两年建成的。

——安徽凤阳县小岗村党委书记　张行宇

现在我们说我们这个小区，要不是搞得（这么好），我们家三个儿子到哪讨媳妇，没有房子人家谁跟你？（现在呢？）现在三个（儿子）有两个讨（媳妇）。

——安徽凤阳县小岗村村民　陈红琴

我们的总体改革思路就是，让老百姓得到最大的实惠，这就是我们改革中的思路，老百姓对美好生活的向往，就是我们所有的奋斗目标。

——安徽凤阳县小岗村党委书记　张行宇

显然，让百姓富起来、国家强起来，是中国道路的魅力所在，活力所在……

农村“家庭联产承包责任制”改革，极大地解放和发展了农村生产力，迎来了农业大丰收，解放了农村的富余劳动力，催生了中国的乡镇企业，逐步支撑起了共和国经济大厦的半壁江山。

鲁冠球，改革开放以来中国第一代民营企业家，他把一个只有几十人的乡镇企业发展成了跨国上市公司——万向集团。

中国特色的改革开放，它开始就是从农村开始的。农村开始，就是从土地承包责任制开始的，那我们抓住了这一个中央的政策，我们就是要把产品销到国外去，允许我们出去的时候，我们是第一家出去的。在改革开放之前，我们是受人歧视，对吧？到了1985年的时候，到了美国，欢迎嘛，他们有中文有英文，我也看不明白，英文我不认识，中文我认识。他们翻译也到了，翻译给我们看，欢迎我们，再看到一个，中华人民共和国国旗，给我们升起来，他给我们介绍的啦。那么当然我们心里感到非常自豪，那种内心来讲，当时也是确实感谢党的改革开放的政策。

——浙江万向集团董事局主席　鲁冠球

鲁冠球抓住机遇，利用党的改革开放好政策，使企业迅速发展、壮大起来。他始终把做强做大万向集团、引领行业新潮流作为自己的首要任务。

如今的万向集团，除了生产传统汽车零部件之外，还积极发展清洁能源，投资建成国内最大规模的锂离子电池生产基地。2013 年，万向集团营业收入达到 1388 亿元，出口创汇 30 亿美元。这样的发展成就，正是中国梦的一个例证！

新加坡前总理李光耀先生说："今天，中国是世界上发展速度最快的发展中国家，其速度在五十年前是无法想象的，这是一个无人预料到的巨大转变。"

《纽约时报》刊发题为《追赶中国浪潮》评述文章指出，过去 10 年，中国经济"创造了三个英国，这真是太惊人了"。

关键词

清洁能源 ／ 主要分为狭义和广义两种概念。狭义的清洁能源是指可再生能源，如水能、生物能、太阳能等，这些能源消耗之后可以恢复补充，很少产生污染。广义的清洁能源则包括在能源的生产、消费过程中，选用对生态环境低污染或无污染的矿产资源，如天然气、清洁煤和核能等。

李光耀 ／ 领导新加坡实现了政治独立和经济繁荣，被誉为“新加坡国父”。

一路向前

改革开放30多年的伟大实践证明了一条，坚持和发展中国特色社会主义，是中华民族实现伟大复兴的必由之路，也是中轴线。

既然我们沿着这条路把一个濒临“破产”的东方大国奇迹般地重新屹立于世界民族之林，取得“当惊世界殊”的成就，我们有什么理由不再沿着这条路坚持探索下去、走下去呢？！

列宁曾经把社会主义形象地比喻成一座未经勘探、人迹未至的高山，认为进行社会主义建设需要长期奋斗和艰辛探索。

中国共产党人能不能打仗，新中国的成立已经说明了；中国共产党人能不能搞建设、搞发展，改革开放的实践也已经说明了。但是，中国共产党人能不能在日益复杂的国际国内环境下，克服人类社会发展进程中必然会遭遇到的困难、障碍和矛盾，还需要一代又一代共产党人继续做出回答。

全面深化改革，需要凝聚全民共识。

我们用改革的办法解决了党和国家事业发展中的一系列问题。同时，在认识世界和改造世界的过程中，旧的问题解决了，新的问题又会产生，制度总是需要不断完善，因而改革既不可能一蹴而就，也不可能一劳永逸。

改革行至“深水区”——两难问题突出，改革与发展问题相伴，经济与社会矛盾交织。

改革如逆水行舟——不能在“深水区”反复“摸石头”。

改革正攻坚克难——只有进行时，没有完成时。

从1978年以来，中国经济、社会等各个方面都发生了巨大的变化，在这种巨大变化的背后，最关键的是改革开放的推动。中国的改革是从农村开始的，那么农村的这些巨大的变化，我想最显著的一个标志，就是粮食产量的迅猛增长。1978年的时候，我们的粮食产量才6095亿斤，但是35年过去，去年的粮食产量呢，增加到了12039亿斤，这35年期间，中国的粮食产量增长了97.5%，但同期呢，中国的人口从9.6亿增加到了13.6亿，增加了4亿人，也就是增长了41.6%。所以（从）这个巨大的变化能看出来，中国人人均拥有的粮食越来越多了，他们不仅吃得饱了，而且可以吃得更好。

——中央农村工作领导小组副组长　陈锡文

穿越春秋冬夏，横跨内陆大洋，以习近平同志为总书记的党中央，反复强调改革，再次点燃了全社会的激情。

2012 年 12 月 7 日，习近平履新后首次离京考察，就选择了中国改革开放的地标——广东；“改革开放是我们党的历史上一次伟大觉醒”——宣示改革，振聋发聩。

20 多天后，2012 年 12 月 31 日，中共中央政治局第二次集体学习，习近平深刻阐释改革开放的重大意义和根本属性。

一、改革开放是一场深刻革命；二、改革开放是前无古人的崭新事业；三、改革开放是一个系统工程；四、稳定是改革发展的前提；五、改革开放是亿万人民自己的事业。

从“摸着石头过河”和加强顶层设计的辩证统一，到更加注重各项改革的良性互动，凸显体大思精的时代特征。

2013 年 7 月 23 日，在武汉座谈会上，习近平号召全党必须以更大的政治勇气和政治智慧，不失时机深化重要领域改革，攻克体制机制上的顽瘴痼疾，突破利益固化的藩篱，增强社会发展活力，实现社会公平正义。改革思考，全面深刻。

2013 年 8 月 27 日，在中共中央政治局会议上，习近平又一次宣示：改革开放是决定当代中国命运的关键一招，也是决定实现“两个一百年”奋斗目标、实现中华民族伟大复兴的关键一招。

2013 年 10 月，在印尼巴厘岛上，习近平在亚太经合组织工商领导人峰会上透露出全面深化经济体制改革的路线图：“中国要前进，就要全面深化改革开放……我们将实行更加积极主动的开放战略，完善互利共赢、多元平衡、安全高效的开放型经济体系。”

2013 年 11 月 12 日，中国共产党第十八届中央委员会第三次全体会议一致通过了《中共中央关于全面深化改革若干重大问题的决定》。

“改革”始终是历届三中全会的“主题词”。全世界的目光再一次聚焦中国——

《华盛顿邮报》：中国的改革开放让中国经济过去 30 年保持了 10% 以上的增速，占世界的比重从 1980 年的 2% 上升到目前的 15%，但是中国的经济增长在放缓，改革刻不容缓。

《每日电讯报》：中国将会掀起下一个“飞跃式”大发展，推动中国迈入世界高科技富裕国家之列。并说，此次全会将带来“深刻变革”，意义不亚于 1978 年召开的十一届三中全会。

《印度时报》：使用“中国重启”这个短语来解读三中全会，认为中国正处在“改革窗口期”，此次会议可能预示着国家经济与社会的重大变化。

法国《回声报》：出台的措施大多是痛苦的，因为它们或多或少都将触及既得利益阶层。

毋庸置疑，新一轮改革范围之广，力度之大，都将是空前的，必将强有力地推动中国经济社会各领域的深刻变革。

可以预计的是，改革将再次改变无数中国人的命运，并给整个世界带来重大影响。

> 面对浩浩荡荡的时代潮流，面对人民群众过上更好生活的殷切期待，我们不能有丝毫自满，不能有丝毫懈怠，必须再接再厉、一往无前，继续把中国特色社会主义事业推向前进，继续为实现中华民族伟大复兴的中国梦而努力奋斗。
>
> ——习近平

2014马年，万马奔腾，被舆论称为中国“深改元年”：无论是行政体制改革、医疗改革、高考改革，还是司法体制改革、农村土地改革、收入分配改革，以及户籍、公车、养老、财税等等一系列长期悬而未决的改革难题，在这一年纷纷破冰试水。

实践发展永无止境，解放思想永无止境，改革开放永无止境。

面对复杂多变的国际国内形势和艰巨繁重的改革发展任务，以习近平同志为总书记的党中央总揽全局、运筹帷幄，将“完善和发展中国特色社会主义制度，推进国家治理体系和治理能力的现代化”作为全面深化改革的总目标，预示着中国的改革开放站在了历史的新高度。

十八大以来，中国开创了现代化事业的新局面，开拓了治国理政的新境界，改革攻坚实现新突破，闯深水、涉险滩，一系列抓要害、动真格的改革措施相继推出，转型发展再出发，中国经济航船在深水区穿越激流、动力强劲。

十八大以来，简政放权成为深化改革“马前卒”，转变政府职能，加大政务公开，推进司法体制改革进程，从财税制度试点改革，到金融领域制度创新，从创新驱动中关村科技引擎，到引领上海自贸区阔步起航，开局良好。

十八大以来，八项规定新风扑面，铁腕反腐，从严治党，“照镜子，正衣冠，洗洗澡，治治病”，密切党同人民群众血肉联系的教育实践活动蓬勃开展，8600 多万党员自我净化、自我完善、自我革新、自

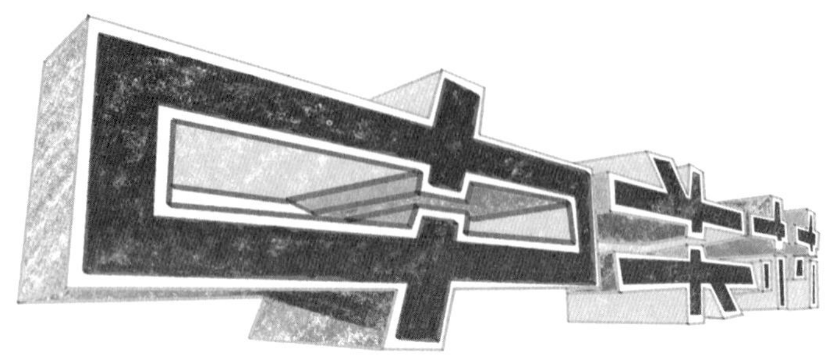

图2-5　中关村

我提高，形成了全党全社会的新气象。

十八大以来，国际舞台频频展现精彩耀眼的中国亮相，从领略欧亚大陆的雄奇到感受阿非利加州灼热的阳光，从加勒比海岛屿到北美洲庄园，从聆听中亚大漠驼铃声到踏访东南亚邻邦，秉持和平发展的外交战略，坚定表述“国家核心利益”，倡导“人类命运共同体”理念，向世界传递了一个负责任大国的气度与胸怀。

十八大以来，民生改善破解难点，保基本、兜底线、补短板、促公平，让发展成果更多惠及全体人民，备受关注的社会保障体系建设强力推进，在经济增速放缓之际，与之密切相关的就业率却创出历史新高，民生投入增速高于财政支出增速，生动地诠释着“用政府紧日子换群众好日子”的承诺。

（主席好！）你好……你好！都住在这儿，老四合院里的这些街坊邻居，祝你们的生活啊，会越来越好，各种设施啊，都会不断地改善，祝大家家庭幸福。

——习近平

“看似寻常最奇崛，成如容易却艰辛。”

道路连接过去，通向未来，指引方向，更决定命运。找到一条正确的道路多么不容易，中华民族是具有非凡创造力的民族。一个创造了伟大文明的民族，必定能够拓展和走好适合自己国情的发展道路。

习近平总书记告诫全党：“道路决定命运，找到一条正确道路多么不容易，我们必须坚定不移走下去。”

梦在前方，路在脚下。

坚持走中国特色社会主义道路，就是我们的复兴之路，追梦之旅。

为梦启航，改革开放的航船正承载人类文明进步的新传奇，劈波斩浪驶向中国梦的彼岸……

关键词

顶层设计 / 原为工程学词语，意为统筹考虑项目各层次和各要素，追根溯源，统揽全局，在最高层次上寻求问题的解决之道。目前成为中国新的政治名词。

亚太经合组织 / 亚洲太平洋经济合作组织的简称，1989 年成立，1993 年改为现名，1991 年中国以主权国家身份加入，中华台北和香港以地区经济体名义加入。

中关村 / 位于北京市海淀区，最先以制造和销售电脑等电子产品闻名全国，被誉为中国的硅谷。目前着力建成具有全球影响力的科技创新中心。

上海自贸区 / 2013 年成立，位于上海浦东，是进一步扩大开放，推动完善开放型经济体制机制的创新。

“照镜子，正衣冠，洗洗澡，治治病” / 由习近平总书记在 2013 年 6 月 18 日召开的党的群众路线教育实践活动工作会议上提出。照镜子，主要是以党章为镜，对照党的纪律、群众期盼、先进典型，对照改进作风要求，在宗旨意识、工作作风、廉洁自律上摆问题、找差距、明方向。正衣冠，主要是按照为民务实清廉的要求，勇于正视缺点和不足，严明党的纪律特别是政治纪律，敢于触及思想、正视矛盾和问题，从自己做起，从现在改起，端正行为，自觉把党性修养正一正、把党员义务理一理、把党纪国法紧一紧，保持共产党人良好形象。洗洗澡，主要是以整风的精神开展批评和自我批评，深入分析发生问题的原因，清洗思想和行为上的灰尘，保持共产党人政治本色。治治病，主要是坚持惩前毖后、治病救人方针，区别情况、对症下药，对作风方面存在问题的党员、干部进行教育提醒，对问题严重的进行查处，对不正之风和突出问题进行专项治理。

“看似寻常最奇崛，成如容易却艰辛。”／ 此句出自王安石诗，意思是看起来很平常其实很奇险挺拔，做成一件事好像容易，实则很艰辛。寓意找到中华民族复兴的道路经过了千千万万中华优秀儿女的艰辛努力。

第三章

中国精神

图3-1　鲁迅

中国精神在这里

毛泽东在民族危难、抗日救亡之际，曾气吞山河地宣示："我们中华民族有同自己的敌人血战到底的气概，有在自力更生的基础上光复旧物的决心，有自立于世界民族之林的能力。"

鲁迅先生曾在《中国人失掉自信力了吗？》一文中有过这样精辟的论述："中国自古以来，就有埋头苦干的人，就有拼命硬干的人，就有为民请命的人，就有舍身求法的人……他们是中国的脊梁。”先生还在《学界的三魂》中坚定地指出：“惟有民魂是值得宝贵的，惟有他发扬起来了，中国才有真进步。”

这是怎样的一个民族？这是怎样的一国人民？是什么支撑着这个古老而神奇的民族立于世界万邦之林，生生不息、代代相传？中华文明为什么能够源远流长、历久弥新？为什么能够持续不断地焕发出勃勃生机和新的活力？

当我们徜徉在5000多年的文明历史长河中，当我们跋涉在卷帙浩繁的文化典籍里，当我们从960多万平方公里的山野川泽追寻答案……蓦然发现，有一种特殊的基因，在支撑着这个民族一次又一次从灾难中奋起，这种基因就是伟大的中国精神！

> 实现中国梦必须弘扬中国精神，这就是以爱国主义为核心的民族精神，以改革创新为核心的时代精神。
>
> 全国各族人民一定要弘扬伟大的民族精神和时代精神，不断增强团结一心的精神纽带、自强不息的精神动力，永远朝气蓬勃、迈向未来。
>
> ——习近平

中国梦意味着中国人民和中华民族的价值体认和价值追求，意味着全面建成小康社会、最终实现中华民族伟大复兴，意味着每一个人都能在为中国梦的奋斗中同时实现自己的梦想，意味着中华民族团结奋斗的最大公约数，意味着中华民族为人类和平与发展做出更大贡献的真诚意愿。

上下五千年，纵横八万里。

北京猿人钻木取火的智慧，神农氏遍尝百草的坚韧，尧舜禅让的谦和，文景之治的和谐，贞观长歌的励精图治，康乾盛世的雍容大度，戊戌变法的图强之志，驱逐列强的浩然正气，抗击日寇的同仇敌忾，创建新中国的浴血奋战，改革开放的勇气与胆魄……历史长河中的一首首浩歌，无不光耀着伟大的中国精神。

关键词

鲁迅 ／ 原名周树人，浙江绍兴人，不断与压迫民众的旧思想旧文化斗争，被毛泽东誉为“文化战线上的民族英雄”，对五四运动以后的中国社会思想文化发展产生了重大影响。

图 3-2 抗日游击战争

北京猿人 ／ 1929 年，北京周口店发现了一个完整的远古人类头盖骨化石，这就是北京人。北京人生活在距今约 71 万年至 23 万年，保留了猿的某些特征，但已经会钻木取火。

神农氏 ／ 即炎帝，上古时期人物，传说他看到人们生病，发誓要尝尽百草，最后因尝断肠草去世。

文景之治 ／ 西汉初期，文帝和景帝采取轻徭薄赋、与民休息的政策，使得社会稳定、国库充盈、人民生活水平大幅提高，出现了盛世景象，后来史家将这一时期称为“文景之治”。

图 3-3　渡江战役

贞观之治 ／ 唐太宗李世民在位期间知人善任、广开言路、厉行节约、文教昌盛、边疆稳固，取得了天下大治的理想局面，史称“贞观之治”。

康乾盛世 ／ 历经康熙、雍正、乾隆三代皇帝，清朝的统治达到高峰，国力雄厚、社会稳定、经济快速增长、人口滋生、疆域辽阔，史称“康乾盛世”。

大家说

中国精神它的历史背景、文化积淀，可以从“源”和“流”两方面去考察。“源”就是我们的实践，我们的社会生活；“流”，一是中国历史的文化传承，二是当下人们在改革开放现代化进程中，形成的精神的追求，这两种追求结合在一起，就成为我们今天的一种精神力量。

——中共中央党校原副校长　李君如

五千多年的华夏文明创造了博大精深的中华文化，中华文化积淀着最深沉的精神追求和独特的精神标志，成为中华民族生生不息、永固发展的丰厚滋养。

台湾学者柏杨在《中国人史纲》中写道：“中国像一个巨大的立方体，在排山倒海的浪潮中，它会倾覆，但在浪潮退去后仍顽强地矗立在那里，以另一面正视世界，永不消失、永不沉没。”达尔文也曾讲过：相对于其他文明，中华文明更具有典范意义。我们完全可以理解这种“典范意义”的内核便是中国精神。显然，中国精神是凝心聚力的兴国之魂、强国之魄。

中国精神标志着中华民族的精神境界，它包含着民族的共同理想信念和价值观念，为中华儿女构建了永久的精神家园，为各族同胞提供了牢固的价值认同，是中华民族的强大精神动力，无论是英雄人物还是普通群众，都是中国精神的承载者和践行者。

——国防大学马克思主义研究所研究员

颜晓峰

古人“先天下之忧而忧，后天下之乐而乐”的政治抱负；“位卑未敢忘忧国”、“苟利国家生死以，岂因祸福避趋之”的报国情怀；“富贵不能淫，贫贱不能移，威武不能屈”的浩然正气；“人生自古谁无死，留取丹心照汗青”、“鞠躬尽瘁，死而后已”的献身精神……无不彰显了中华民族的优秀传统文化和民族精神。

什么是中国精神？什么是中国优秀传统文化？我觉得中国优秀传统文化，积淀在——积淀这个词很重要，也很好——积淀在12个理念上：自强不息、道法自然、天人和谐、居安思危、诚实守信、厚德载物、以民为本、仁者

图 3-4　孟子

爱人、尊师重道、和而不同、日新月异、天下大同。

——西北大学中国思想文化研究所所长

张岂之

关键词

达尔文 ／ 英国生物学家，乘坐贝格尔号进行了历时五年的环球航行，对各地的动植物和地质结构等进行了大量观察，后出版《物种起源》，提出了生物进化论，给神造论以巨大打击。

“位卑未敢忘忧国”／ 出自南宋陆游的《病起书怀》，表示忧国忧民的情怀。

“苟利国家生死以，岂因祸福避趋之”／ 1842 年林则徐被发配伊犁，在途经西安时写下这句诗，表明在禁烟抗英问题上不顾个人安危的态度，虽遭革职充军也不后悔。

“富贵不能淫，贫贱不能移，威武不能屈”／ 出自《孟子》，意思是富贵不能使他骄奢淫逸，贫贱不能使他改移节操，武力不能使他屈服意志。

“道法自然”／ 出自《道德经》，意为道就是自然而然，不加造作。

“厚德载物”／ 出自《周易》，意为拥有高尚的道德才能承受各种事物。

爱国是一种力量

爱国——是中华民族凝聚一体的精神动力。

归宗炎黄、溯源华夏，国家兴亡、匹夫有责，救国救民、爱国爱乡，恋土归根、报效桑梓等，构成了爱国主义的传统要义。早在先秦时期的《战国策》就提出“爱国”一词，东汉荀悦的《汉纪》中已有“爱国如家”的说法，这种国家观、民族观、历史观、文化观，构成了爱国主义的不竭源泉。屈原、岳飞、辛弃疾、文天祥是如此，郑成功、施琅、林则徐、邓世昌也是如此，他们都是耸立在中华文明史上的一座座丰碑。

中国共产党自诞生之日就承担起了争取民族独立、人民解放和实现国家富强、人民幸福的历史任务。推翻三座大山，结束旧中国一盘散沙的局面，实现国家统一和各民族空前团结，为振兴中华打下坚实基础，充分体现了爱国主义的深厚情怀。

中华民族在五千年文明史中，创造了自己独特的精神家园。每当中华民族在繁衍发展过程中遭遇到困难、挫折，精神家园总会给人们以智慧和力量，战胜千难万险。

《史记》中有“舜耕历山”的记载，颂扬了古代

图3-5 邓世昌

圣贤身体力行、勤于劳作的高尚品德；大禹治水，三过家门而不入，体现了勤勉奉公、刻苦耐劳的精神；北山愚公“每天挖山不止”，体现了坚忍不拔、锲而不舍的民族风貌……南泥湾精神、张思德精神、大庆精神、雷锋精神、焦裕禄精神、“两弹一星”精神、红旗渠精神、载人航天精神等，无不闪耀着中华民族的精神光辉。

毛泽东指出:“中国人从来就是一个伟大的勇敢的勤劳的民族。”

习近平一再强调，空谈误国，实干兴邦。

实现中华民族伟大复兴这一历史任务，光荣而艰

图 3-6　南泥湾大生产

图 3-7　焦裕禄

图3-8　红旗渠

巨，需要一代又一代中国人不懈地为之共同努力奋斗，需要不断弘扬在漫长历史中积淀和发展的民族精神。

关键词

桑梓 ／ 在古代，人们喜欢在房子周围种植桑树和梓树，后用桑梓指故乡。

先秦时期 ／ 指秦朝建立前的历史时代，从传说的三皇五帝到战国时期，其间经历了夏、商、西周、春秋、战国等阶段。

屈原 ／ 战国时期楚国诗人，因遭贵族排挤被流放至沅湘，听闻楚国都城被秦国攻破后，自沉汨罗江，以身殉国。

岳飞 ／ 是南宋的抗金名将，曾率领岳家军北伐收复大量失地，所作《满江红 · 怒发冲冠》气势雄浑。

辛弃疾 ／ 生于金国，后抗金归宋，与主和派政见不同，被弹劾落职。他将对国家兴亡的忧虑全部寓于词作之中，风格既雄沉豪迈又不乏细腻之处，有《稼轩长短句》传世。

邓世昌 ／ 广东番禺人，北洋舰队“致远”号舰长，在甲午海战中，命令受了重伤的“致远”号开足马力向日舰“吉野”号冲过去，可惜被炮弹击中沉没，大部分官兵牺牲。坠海的邓世昌见部下没有生还，拒绝救生圈，献出了宝贵的生命。

《史记》／ 西汉著名历史学家司马迁撰写的一部纪传体史书，“二十四史”之首，记述时段上至上古传说的黄帝时代，下至汉武帝太初四年。该书对后来的中国史学和文学产生了深远的影响。

舜耕历山 ／ 传说舜为了孝顺父母，在历山辛勤耕耘。

愚公移山 ／ 传说北山有位愚公，年纪将近九十，苦于大山阻挡，他不畏艰难，带领家人移山，天帝被其毅力感动，将山移开。

南泥湾精神 ／ 抗日战争时期，物资匮乏，以三五九旅为代表的抗日军民在南泥湾进行生产运动，有效解决了粮食问题，体现了“自力更生，艰苦奋斗”的革命精神。

张思德精神 ／ 作为一名参加过长征的老革命，张思德在工作中非常认真，从不计较得失，热心关心战友。

大庆精神 ／ 产生于1960年代的大庆石油会战，体现了为国争光、为民族争气的爱国主义精神；独立自主、自力更生的创业精神；讲求科学、“三老四严”的科学求实精神；胸怀全局、为国分忧的奉献精神。

雷锋精神 ／ 以雷锋的精神为基本内涵，是在实践中不断丰富和发展着的革命精神，实质和核心是全心全意为人民服务，为了人民的事业无私奉献。

焦裕禄精神 ／ 焦裕禄在任河南兰考县县委书记时所表现出来的“亲民爱民、艰苦奋斗、科学求实、迎难而上、无私奉献”的精神，后人称之为“焦裕禄精神”。

“两弹一星”精神 ／ 中国科学家在研制原子弹、氢弹、人造卫星时候展现的精神，可概括为：热爱祖国、

图3-9　雷锋

无私奉献，自力更生、艰苦奋斗，大力协同、勇于登攀。

红旗渠精神 ／ 为了解决饮水困难，河南林州人民从1960年开始动工，历经十年，仅靠一锤、一铲、一双手在太行山悬崖峭壁间修成了全长1500公里的红旗渠。其间展现了“自力更生、艰苦创业、团结协作、无私奉献”的精神。

载人航天精神 ／ 2005年10月17日，我国自主研制的神舟六号载人飞船顺利返回，铸就了特别能吃苦、特别能战斗、特别能攻关、特别能奉献的载人航天精神。

沈家故事

中国的改革，千头万绪，归根到底还是一个“人”字。农民育种家沈昌健书柜里存放着23个笔记本，是一家两代人进行杂交油菜实验的原始记录。翻开最早一本的扉页，上面写着：“1978年秋，沈克泉。”

沈克泉是沈昌健的父亲。

1978年，沈克泉在贵州养蜂。7月的一天，路边3株野生油菜引起他的注意。湖南的油菜5月份就已经成熟收割，而眼前这3株竟还在开花，不仅植株壮硕，分枝还特别多。沈克泉如获至宝，立即兴致勃勃带回家乡播种。

从研究杂交油菜开始，沈克泉留起了胡须，并发誓不成功不剃须。

> 就说我，是一个农民，一个种田的黑腿杆，
> 想要搞出个科学来，那是自己异想天开。
>
> ——沈克泉

没有专业分析、没有专业仪器，沈克泉父子只能用肉眼观察，凭记录总结规律。

1000多次反反复复的失败，沈克泉的青黑胡茬儿变为长白美髯，不过他终于培育出了双低（低芥酸、低硫甙）的油菜种子“贵野A”。专家们惊叹，“贵野A”的恢复系本身就很难找，能让不育系、保持系、恢复系3系配套，农民育种家做到这一步，太了不起了。2004年，沈克泉父子繁育的“贵野A”不育系材料油菜新组合，终于荣获国家发明专利证书。

2009年12月8日，70岁的沈克泉走到了生命的尽头，老人把全家人叫到床前，他说：“我没有时间了。油菜事业不要丢，坚持下去，一定会成功的！”

沈克泉去世后，沈昌健依然坚持着油菜育种，如今，沈昌健的“沈油杂”202、819已进入区域试验环节。2014年2月，沈昌健及其父亲沈克泉荣获感动中国2013年度人物。

沈昌健一家人，就这样在劳动中探索科技，在困境中永不放弃，在实干中超越自我，终于创造了人间奇迹！

其实我很多维

“历览前贤国与家，成由勤俭败由奢。”先哲圣贤们从家族兴衰、社稷兴亡、朝代更替的无数历史教训中，提出深刻的警示。

诸葛亮在《诫子书》中说：“夫君子之行，静以修身，俭以养德，非淡泊无以明志，非宁静无以致远。”在中国社会发展的各个时期，艰苦朴素、勤劳节俭都作为一种被社会普遍认同的传统美德，得到倡导、保持和发扬。

习近平在十八届中央纪委二次全会上告诫全党，各级领导干部要以身作则、率先垂范，说到的就要做到，承诺的就要兑现。要坚持勤俭办一切事业，坚决反对讲排场比阔气，坚决抵制享乐主义和奢靡之风。要大力弘扬中华民族勤俭节约的优秀传统，大力宣传节约光荣、浪费可耻的思想观念，努力使厉行节约、反对浪费在全社会蔚然成风。

勤俭节约是中华民族的传统美德，它代表的是一种进取精神，是一个民族奋发向上的精神风貌。

爱好和平，团结互助，构成了源远流长的中华和合文化。孔子提出“小人同而不和，君子和而不同”的命题，追求“和合”的君子境界，主张社会中的人

图3-10 孔子

际关系讲求和谐、注重和合、团结互助，提升社会及组织的亲和力，提高中华民族的凝聚力、向心力。

厚德载物，恪守信用，是中华民族五千年道德文明的精华。孔子在《论语》中曾38次提到“信”字。作为传统的道德规范，“信”是立身处世、自我修养的基础。人无信不立、企业无信不成长、城市无信不繁荣、社会无信不稳定。构建信用社会，是我们国家走向现代化的重要标志之一。

关键词

孔子 ／ 名丘，字仲尼，春秋时期鲁国人，中国著名的教育家、思想家。他开创了私人讲学的风气，晚年修订六经，是儒家学说的创始人。他的学生将他与学生之间的言行和思想记录了下来，整理成《论语》。

甘将军夫人轶事

这位91岁高龄、有着60多年党龄的老人，是开国将军甘祖昌的夫人，又是江西萍乡莲花县一名社区工作人员。她主动放弃大城市优越的生活条件，选择回家乡与乡亲们一道建设美好家园。

她坚守着革命前辈的优良传统，更孜孜不倦地将其传播到青少年中间。

龚全珍不但多次捐款救灾、资助贫寒学生、帮扶困难家庭，用点点滴滴的爱滋润乡里，而且有着更大的担当，她组建志愿者服务队、创新社区管理机制、致力于革命老区的教育事业，将个人的精神力量不断壮大成一种风气。龚全珍以实际行动践行着共产党人的使命与信念。

我看到她以后，我这个心里就是一阵的感动。她和甘祖昌将军一起艰苦奋斗过来，现在仍然在弘扬这种精神，而看到她又被选为全国道德模范，出席我们今天的会议，我感到很欣慰。就是要把这种革命传统精神弘扬下去，不仅我们这一代人要传承，我们的下一代，也要一代一代地传承下去，向老阿姨表示致敬！

——习近平

图 3-11　甘祖昌将军夫妇

关键词

甘祖昌 ／ 江西莲花人，1927 年加入中国共产党，历经长征、抗日战争、解放战争，1955 年被授予少将军衔，被称为“将军农民”。

最美中国人

道德模范是社会主义道德建设的重要旗帜。弘扬真善美，传播正能量，激励人民群众崇德向善、见贤思齐，鼓励全社会积善成德、明德惟馨，必将为实现中华民族伟大复兴的中国梦凝聚起强大的精神力量和有力的道德支撑。

“最美妈妈”吴菊萍——杭州一名妈妈徒手接住坠楼女童。

“最美婆婆”陈贤妹——广州佛山一名拾荒阿婆从车下救出两岁女童。

“最美教师”张丽莉——80后女教师为救学生失去双腿。

“最美司机”吴斌——忍着剧痛，以超人的意志力减速停车，用生命的最后一丝力气挽救了全车人的性命。

“最美爸爸”黄小荣、“最美乡村教师”马复兴、“最美乡村医生”周月华、“最美洗脚妹”刘丽……“最美现象”从开始的一株株“盆景”发展成为一片引人入胜的“风景”，形成“美”的种子随风飘扬、处处生根、生命力极强的“蒲公英效应”，绽放出姹紫嫣红春天的美丽。

任何一个社会都需要道德典范，道德典范是公众效仿或者学习的样板。一个时代都有一个时代的典范，历史上这样的典范人物很多，所以“最美人物”或者“最美现象”就是我们这个时代的道德典范，它可以给公众一种示范引领的作用。

——中国伦理学学会会长　万俊人

全社会的思想道德建设，激发出人们善良的道德意愿、道德情操，培育人们正确的道德判断力和道德责任感，从而引领人们崇尚道德、遵守道德，形成全社会向善、向上的力量。国无德不兴，人无德不立——中华文化丰沛的传统美德，永远是中国人精神家园的和煦阳光。

敢为天下先

20 世纪 70 年代末，《芝加哥论坛报》记者蒂姆与其他 7 名美国记者，成为新中国成立后第一批常驻中国的新闻工作者。30 年后，他再次来到北京时，以记者敏锐的眼光发出感叹：美国的现代化发展用了一二百年时间，而中国仅在 30 年的时间里就变得足以让世人惊讶！变化最大、最深刻的是每一个普普通通的中国人——这是一个开放、自信、自强、创新的民族。

回首改革开放走过的波澜壮阔的历程：第一次建立家庭联产承包责任制乡村、第一个农民专业合作社、第一个个体工商户、第一次实行厂长负责制的工厂、第一个股份制企业、第一个上市公司、第一个股份制商业银行……这一个又一个"第一"，正意味着一次次奋勇突破、一次次开拓进取。

深圳特区被誉为共和国改革的"长子"，最独具魅力的品格就是改革创新。改革创新是深圳的根、深圳的魂。穿越 30 多年的风雨历程，改革开放在深圳奏响了华彩乐章：深圳 GDP 年均增长 25.8%，从一个 3 万人口的边陲小镇快速崛起为一座承载人口超过 1400 万、产业发达、交通便利、功能完备、设施先进、环境优美的现代化大都市，是中国特色社会主义活力绽放和光明前景的生动写照。

> 那么，我们如果回望历史、展望未来的话，我们可以自豪地说，改革创新精神就是推动我国新时期解放思想，解放和发展社会生产力，解放和增强社会活力的强大的驱动力。也是我们党和人民的事业大踏步赶上时代潮流的一个重要的法宝。
>
> ——全国政协社会和法制委员会副主任
>
> 施芝鸿

“敢想，敢闯，敢为天下先”——是锐意进取、开拓创新精神的大写意，是激励我们提升自主创新能力、建设创新型国家的内生动力。

关键词

农民专业合作社 ／ 是以农村家庭承包经营为基础，通过提供农产品的销售、加工、运输、贮藏以及与农业生产经营有关的技术、信息等服务来实现成员互助目的的组织。

深圳特区 ／ 为了扩大开放、吸引外资，中央政府在1980年8月建立深圳经济特区。经过30多年的发展，深圳从一个小渔村成长为拥有千万人口的一线城市，很好地推动了改革开放在全国的展开。

注疏核心价值观

中国精神包含民族精神和时代精神。社会主义核心价值观正是中国精神的内核，也是时代主流价值的体认。

富强　民主　文明　和谐

自由　平等　公正　法治

爱国　敬业　诚信　友善

核心价值观是文化软实力的灵魂、文化软实力建设的重点。历史和现实都表明，构建具有强大感召力的核心价值观，关系社会和谐稳定，关系国家长治久安。

社会主义核心价值观使人们超越民族、血缘、语言、地域等方面的区别，跨越阶层、行业、职业、利益等方面的差异，熔铸起实现中国梦不可缺失的精神支柱。

随着综合国力的提升、科学技术的进步、人的综合素质的提高、思想眼界的开阔，中国人更加自信、自强、自由、自律、自尊，这样的人格日益外化为行动的力量，推动着文明进步的车轮滚滚向前。

在中国走向世界、走向现代化、走向未来的进程中，改革创新成为中国精神的主旋律，中国精神折射出时代进步的潮流。

百年回眸，以爱国主义为核心的民族精神薪火相传，振奋着民族复兴的梦想车轮奋勇前行。

30 年回眸，以改革创新为核心的时代精神鼓荡神州，激励着我们在逐梦的道路上开拓奋进。

国家强盛，人民的幸福才会有坚实的依托。

中国精神茁壮，人们的梦想才会拥有更为广阔的空间。

华夏子孙共筑中国梦：积力所举无不胜，众志所为无不成。

有了梦想，就有了前行的方向；有了精神，就插上了使梦想变成现实的飞翔的翅膀。

中国精神在逐梦的征程中交融激荡，中国梦瑰丽的蓝图在中国精神的激励下，必将描绘得异彩纷呈……

关键词

软实力 ／ 是当下国际关系领域的最流行关键词，深刻影响了人们对国际关系的看法，使人们从关心领土、军备、科技进步、经济发展等有形的“硬实力”，转向关注文化、价值观、道德准则等无形的“软实力”。

第四章

中国力量

力量是怎样炼成的

西方学者曾把中华文明视为早熟的文明。

这种早熟的中华文明如黄河长江，源远流长、海纳百川，给中华民族注入了一种特殊的力量，那就是：不管遇到多大的灾难、险阻和变故，民族在血浓于水的情感下终归会团结一致，国家在匹夫有责的召唤下终归会和谐统一，社会在共享太平的引领下终归会繁荣富强。

这就是中华民族强劲的内生动力——中国力量！

鸦片战争以来，正是这种中国力量，引导着这个东方大国洗刷“东亚病夫”的耻辱，演绎“东方巨人”的奇迹：实现了人民当家做主，实现了从“站起来”到“富起来”再到“强起来”的沧桑巨变。

在中国共产党的领导下，中华民族的脊梁，挺直了赳赳胸膛；中国人民的身躯，展现了健壮体魄。中华文明的深厚底蕴绽放出时代光华，中国一跃而成为世界第二大经济体，综合国力大幅提升，“东方醒狮”以豪迈的气概，巍然屹立于世界民族之林。

人心齐，泰山移。

中国力量是厚积薄发的力量，是和平共处的力量，是和谐发展的力量。

> 实现中国梦，必须凝聚中国力量。这就是中国各族人民大团结的力量。中国梦是民族的梦，也是每个中国人的梦。只要我们紧密团结，万众一心，为实现共同梦想而奋斗，实现梦想的力量就无比强大。
>
> ——习近平

“来之与民，回之与民，与民同乐，与民同心。”

毋庸置疑，中国力量，归根到底是人民的力量，是中国各族人民大团结的力量。不论是发展经济、政治和文化，还是创新和完善社会制度，靠的都是人民的力量。只要我们紧密团结，万众一心，为实现共同梦想而努力奋斗，实现梦想的力量就会无比强大，每个人在实现中国梦的同时也就拥有了个人梦想的广阔空间。

凝聚中国力量，基础是经济力。

实现中华民族伟大复兴的中国梦，必须不断地解放和发展社会生产力，夯实国家富强、民族振兴、人民幸福的物质基础。

新中国成立后，特别是改革开放以来的每一次进步、每一次发展，都是中国特色社会主义道路迸发力量的生动体现，都是中国共产党凝聚全国人民大团结力量的生动体现，都是从实践创新到理论创新的生动体现。

从十六大的“三位一体”（政治建设、经济建设、文化建设），到十七大的“四位一体”（政治建设、经济建设、文化建设、社会建设），再到十八大的“五位一体”（政治建设、经济建设、文化建设、社会建设、生态文明建设），中国现代化道路越走越宽阔，科学发展的本质要求越来越升华，强国富民的奋斗目标越来越明晰。

世界贸易组织发布的《2016 世界贸易报告》显示，在 2016 年全球商品贸易排名中，中国出口第一，进口第二，进出口位列第一。

1956 年 11 月，毛泽东曾预言：进入 21 世纪，中国应当会对人类做出较大的贡献。

中国的现代化一定是社会主义现代化，才有可能解决资本主义从工业革命以来，不能解决的社会分化、差距变化的这些基本问题。最具中国特色的，就是中国的现代化一定和中华文明、中国伟大复兴是紧密联系起来的。

——清华大学国情研究院院长　胡鞍钢

2013年10月23日，习近平在钓鱼台国宾馆会见清华大学经济管理学院顾问委员会海外委员时指出，中国正在推进新型工业化、信息化、城镇化和农业现代化，将加快转变经济发展方式，增强经济发展的内生动力，实现经济持续健康发展。

关键词

“东亚病夫” ／ 最早为“东方病夫”，出自上海英文报纸《字林西报》，当时并没有鄙视中国人身体素质的意见。据最新研究，以梁启超为代表的知识分子在1903年前后将此称呼与国人的身体素质联系起来，希望激励国人强健体格，从而实现中华民族的伟大复兴。从此之后，绝大多数中国人就认为“东亚病夫”一词是对中国人身体素质的讥讽。

世界贸易组织 ／ 简称世贸组织，1994年在原关贸总协定的基础上成立，基本职能为管理和协调各成员国或地区的贸易政策和法规。2001年，中国正式加入该组织。

信息化 ／ 以现代通信、网络、数据库技术为基础，将研究对象各要素汇总至数据库，与人类息息相关的各种行为相结合的一种技术，被视为第六次工业革命的核心部分。

居安思危

无须讳言，中国经济列车高速运转的背后，所必然派生的矛盾与弊端也日渐显现：一方面，经济总量持续增长，综合国力不断攀升；另一方面，不平衡、不协调、不可持续问题亟待应对，部分行业产能过剩问题突出，企业投资效益下降，新兴产业尚未形成真正的增长力，经济增长的内生动力亟待开启。

今天之中国，在世界第二大经济体耀眼光环下，站在历史更高起点上的深化改革愈发艰难。这种困局，用通俗的话说，就是“发展起来后的问题，一点不比不发展时少”。资源、环境、生态，处处都是民生；投资、消费、结构，时时都有变数。

历史同时又给中国开启了另一扇千载难逢的时间窗口：中国仍然处于发展的重要战略机遇期，不再是简单纳入全球分工体系、扩大出口、加快投资的传统机遇，而是倒逼我们扩大内需、提高创新内驱力、促进经济发展方式转变的新机遇。

以习近平同志为核心的党中央，清醒地分析了面临的风险与挑战，指出必须增强忧患意识，把控经济全局，采取果断举措，确保中国经济社会持续健康发展。

党的十八届三中全会《决定》指出，必须切实转变政府职能，创新行政管理方式，增强政府公信力和执行力，建设法治政府和服务型政府。

上海自贸区探索仅限定企业“不能做什么”的“负面清单”管理模式，将更多的主动权、决定权交予企业和市场。

审批制度改革是加强政府职能转变、深化行政体制改革的重要抓手和突破口。党的十八大以来，新一届政府分批取消和下放了400多项行政审批等事项。

简政放权的同时，政府监管思路也在悄然发生改变——“宽进严管”“加强监督”，扭转政令不畅的“堰塞湖”现象，克服拖延应付和打折扣、搞变通的慵懒行为，让市场作用得到更好发挥，让政府管理更加到位，努力营造各类经济主体公平竞争的市场环境。

按照三中全会的《决定》，让市场在资源配置中真正起决定性作用，所有的企业都在公平的竞争中，来优胜劣汰。在这样的情况下，就很自然地会使得整个企业也好，社会也好，都是要靠技术的进步来提高自己的市场竞争力，那么这样的话呢，转变经济发展方式才能够落到实处。

政府该做什么，不该做什么，把过去手伸得太长的收回来，把过去做得不够的补上去。这样的情况下，形成一个竞争性的现代市场体系，然后呢，形成一种商业环境，这种环境就是大家都靠创新驱动发展，谁创新搞得好，发展就快，它就占优势，谁创新搞得不好，在竞争中就会失败。

——中国社科院经济研究所原所长　张卓元

知易行难

天下之事——“为之，则难者亦易矣；不为，则易者亦难矣。”

中国改革涉入“深水区”，亟待全国人民同心同德、众志成城、攻坚克难。

影响中国发展的重点、难点，仍然在农村。

历史命门决定中国经济社会发展的基座部分仍然是“三农”问题。

党的十八大以来，党中央把扶贫开发摆到治国理政的重要位置，提出了精准扶贫、精准脱贫的基本方略，将扶贫开发推进到一个全新的阶段。

2014年12月，中央经济会议要求实现精准脱贫，更加注重保障基本民生，更加关注低收入群众生活。精准扶贫对于中国农村不啻为亘古未有的伟大创举，大江南北展开了轰轰烈烈的脱贫运动，描绘出一幅幅乡村振兴的画卷。农村贫困人口，从1978年的7.7亿人减少到2015年的5575万人，减少了92.8%；同期农村贫困发生率，从97.5%下降到5.7%，降低了91.8个百分点。十九大报告更明确指出，坚持中央统筹省负总责市县抓落实的工作机制，强化党政一把手负总责的责任制，坚持大扶贫格局，注重扶贫同扶志、扶智相结合，深入实施东西部扶贫协作，重点攻克深度贫困地区脱贫任务，确保到2020年我国现行标准下农村贫困人口实现脱贫，贫困县全部摘帽，解决区域性整体贫困，做到脱真贫、真脱贫。

党的十八届三中全会《决定》强调：坚持走中国特色新型城镇化道路，推进以人为核心的城镇化，推动大中小城市和小城镇协调发展，产业和城镇融合发展，城镇化和新农村建设协调推进。

人口城镇化蕴含着巨大的投资与消费需求。未来10年，城镇化率年均提高1~1.2个百分点，将再有2亿多农民进入城镇，加上现有的1.6亿农民工，新增城镇人口将达4亿左右。按较低口径，农民工市民化以人均10万元的固定资产投资计算，也能够增加40万亿元的投资需求。

2011年城镇居民与农村居民人均消费比约为3.3:1，农村劳动力和人口合理转入城镇就业和生活，其收入和消费必然明显增加。同时，人口城镇化是扩大中等收入群体的重要载体，我国中等收入群体目前大约占23%，在此基础上每年提高2个百分点，到2020年努力达到40%以上，由此，可使中等收入群体规模扩大到6亿人左右。

确保投资和消费需求的持续释放，使中国经济未来10年仍将处于上升通道。

很重要的问题，就是要把我们国家的城镇化的过程，充分地利用好我们国家的教育现在取得迅速的发展这样一个成绩。根据教育系统的统计，我们国家现在每年的大学毕业生和中学、中专、中等技术院校的毕业生，这些毕业生加起来，从农村来的大概已经达到900万人，像这些人实际上是给我们的城镇化、我们的工业化提供了一个高水平的人力资源，所以对我们工业化和城镇化能够实现高水平有非常大的好处，如果我们教育搞得更好的话，那么我们的城镇化能够更加顺利。

如果我们中国不但搞城镇化，而且也搞新技术革命，并且把两者结合起来，那么中国的新型的城镇化一定可以对世界的经济做出更大的贡献。

——中国工程院常务副院长　潘云鹤

关键词

“为之，则难者亦易矣；不为，则易者亦难矣。”／ 出自清代彭端淑的《为学》，鼓励人勇于实践。

文化要硬起来

“问渠那得清如许，为有源头活水来。”

凝聚中国力量，就要继续实施文化强国、科教兴国战略，充分发挥文化的力量、科技的力量和人才的力量。

文化是民族的血脉，是人民的精神家园。文化软实力和竞争力是国家富强、民族振兴的重要标志。文化力量是实现中国梦强大的助推器。

当今世界，文化与经济的联系正日趋密切，越来越成为经济发展的利器，在综合国力的竞争中地位和作用也更加凸显。

党和政府以高度的文化自觉和文化自信推动社会主义文化大发展大繁荣，文化体制改革发展全面推进，形成了社会主义先进文化共建共享的良好局面，确保人民享有愈来愈丰富的精神文化生活，努力提振实现中国梦的文化软实力。

党中央确立“经济建设必须依靠科学技术，科学技术工作必须面向经济建设”的战略方针，科技机构、研发部门、高等院校良性互动、创新发展。华为，一家靠 2 万元起家的民企，如今已成为全球领先的信息与通信解决方案供应商，产品销往 140 多个国家和地区，服务全球 1/3 的人口，其移动宽带产品全球累计发货量超 2000 万部，ABI 的数据显示，其市场份额位列全球第一，昂首进入全球顶尖科技公司的第一方阵。

党的十八届三中全会把教育摆在了优先发展的战略位置，不断加大投入，努力发展全民教育、终身教育，建设学习型社会；明确要求，推进考试招生制度的改革，从根本上解决一考定终身的弊端。

关键词

“问渠那得清如许，为有源头活水来。”／ 出自宋代朱熹的《观书有感》，意思是要不断学习新的东西，从而保持自己的活力。

ABI ／ 全称为 Abstracts of Business Information，是一个著名的商业信息数据库。

谈钱不伤感情

全面建成小康社会的美好梦想，其根本宗旨就是实现全体人民共同富裕、共同发展、共同幸福。让人民过上更加富裕、更加健康、更加和谐、更加安全、更有尊严的生活，让每个人自由而全面地发展，是中国共产党人永远的价值追求。

凝聚中国力量，必须坚持“以人民为中心”的社会导向，需要不断改善民生。

习近平强调:“抓民生要抓住人民最关心、最直接、最现实的利益问题，抓住最需要关心的人群，一件事情接着一件事情办，一年接着一年干，锲而不舍地向前走”，“多谋民生之利，多解民生之忧，在学有所教、劳有所得、病有所医、老有所养、住有所居上持续取得新进展”。

在改革开放的攻坚阶段，务必使改革发展成果更多更公平地惠及全体人民，务必使全体人民能共享改革发展成果。只有不断满足人民群众实际利益，不断造福人民，才能凝聚强大的力量。

凝聚中国力量，需要构建公平正义、机会均等的社会大舞台。

> 生活在我们伟大祖国和伟大时代的中国人民，共同享有人生出彩的机会，共同享有梦想成真的机会，共同享有同祖国和时代一起成长与进步的机会。
>
> ——习近平

“三个共享”的理念，点明了凝聚人民力量的根本前提。公正、公平是社会创造活力的源泉。中国梦的魅力，就是让人人看到希望，人人有奋斗舞台，汇聚起每个人最大的正能量。

把权力关进制度的笼子里

党的十八届三中全会《决定》要求：建设法治中国，必须坚持法治国家、法治政府、法治社会一体建设。

习近平在纪念现行宪法公布施行 30 周年大会上曾郑重承诺：“要依法公正对待人民群众的诉求，努力让人民群众在每一个司法案件中都能感受到公平正义。”

卢梭曾说过，一切法律之中最重要的法律，既不是刻在大理石上，也不是刻在铜表上，而是铭刻在公民的内心里。

党的十八大以来，铁腕反腐为改革铺路，重振民心，重振士气；“打老虎”、“拍苍蝇”力度有增无减，重拳出击，正风肃纪。至十九大召开时，中央纪委、监察部对涉嫌违纪违法的中管干部已结案处理和正在立案调查的达 440 人，全国各级纪检、监察部门共处分厅局级干部 8900 余人、县处级干部 6.3 万多人、基层党员干部 27.8 万人。努力推进反腐败国际追逃追赃，共追回外逃人员 3453 人，其中“百名红通人员”已有 48 人落网。这些举措，彰显了党中央反腐倡廉的力度与决心，深得党心民心。

靠制度发力、法律发威，体制内监督，已逐步成为反腐的核心力量。

实现社会公平正义，关键一条是制度保障。

“把权力关进制度的笼子里”——已成为人们耳熟能详的至理名言。

加快推进民主法治建设，建立公平公正的社会秩序，加强对公权力有效的监督与制约，是时代的呼唤、人民的期待，也是实现中华民族伟大复兴中国梦的坚实的制度保障。

关键词

卢梭 ／ 法国启蒙运动的代表人物之一，著有《社会契约论》《忏悔录》《爱弥儿》。

咱们有力量

凝聚中国力量，就是要凝聚起各民族、各阶层、各行业的力量。

涓流汇海，聚沙成塔。

中国梦渐行渐近的步伐，来自两亿多农民工的创业热望中，这个庞大的群体成为中国城镇化建设的主力军。他们像候鸟一样来往于全国各地的乡村与城镇，风雨兼程，用自己的双手托起一座又一座现代化的新城，也托起一个又一个勤劳致富的美丽的梦想。

在改革开放的大潮中，民营企业异军突起，经过30多年的蓬勃发展，民营经济已占我国国内生产总值的65%，其就业量占全国非农就业的80%左右。

与此同时，国有企业作为国民经济支柱的中坚作用愈来愈明显。2013年，中国有79家国企进入《财富》世界500强榜单，占中国上榜企业总数的83.15%。

来自社会各界心系国运的建设者们，无数投身于社会的无私奉献志愿者们，有了他们的共同“给力”，才有国家社会的不断前行，才能凝聚起推进民族复兴的中国力量。

关键词

《财富》／ 由亨利 · 鲁斯（Henry Luce）创办于 1930 年，自 1954 年推出全球 500 强排行榜，成为世界经济界关注的焦点。这份榜单是衡量全球大型公司最著名、最权威的榜单，由《财富》杂志每年发布一次。

最可爱的人

中国梦是强军梦。

中国是一个爱好和平的国度，地处亚洲东方，陆地边界线总长2.2万余公里，海岸线总长1.8万公里，陆地与14个国家相接壤，大陆架或200海里专属经济区与8个国家相连接，既是一个陆地型大国，也是一个海洋型大国，疆域辽阔。

建设强大的国防力量，是实现中国梦的安全保障。这就需要紧紧围绕建设一支听党指挥、能打胜仗、作风优良的人民军队这一强军目标，创新发展军事理论，加强军事战略指导，构建中国特色现代化军事力量体系。

兄弟连

全国各族人民一定要牢记使命，心往一处想，劲往一处使，用13亿人的智慧和力量汇集起不可战胜的磅礴力量。

——习近平

中国56个民族同呼吸、共命运、心连心，共同经历过非凡奋斗，共同创造了美好家园，共同培育出璀璨的中华文明和伟大的民族精神。各民族兄弟姐妹是唇齿相依的命运共同体，具有极强凝聚力。全国各族人民的大团结，是实现中国梦的力量源泉。

习近平在会见中国国民党荣誉主席连战先生时，坦诚地说："兄弟齐心，其利断金。"

实现中华民族伟大复兴的中国梦，必须携手港、澳、台同胞和海外华人、华侨，胼手胝足，共襄盛举。

中国梦是咱们民族的一个伟大而美丽的梦想，一个目标。所以（作为）每一个中国人，在实现中国梦这个路上，没有旁观者，没有过路客，没有局外人。只要我们大家团结一心，就有力量。只要大家群策群力，就生智慧。只要我们坚定自信，肯定能出高手。

不过作为我们个人，我们觉得还是从自己出发，把本职工作做好，这是最重要的。每一个人努力地去争取，做实现中国梦这条大路上的一个坚硬的铺路石，自己在实现中国梦这个过程中，生命的价值就有意义。

——电影表演艺术家　李雪健

关键词

胼手胝足 ／ 意思是长期从事体力劳动使得手脚的皮肤变硬和增厚，形容辛勤劳动。

大家一起来创业

有梦想才有目标，有希望才会奋斗。梦想和希望是保持生机、激发活力的源泉。

中国梦既是民族的，又是国家的，也是每一个中国人的。

显而易见，被称作“财富第六波”的互联网，是当今社会最富于传奇色彩的创业平台。众多怀抱梦想的青年学子和网络精英踊跃投身于科技创新，创造了一个又一个艰辛而辉煌的传奇故事。

2013 年 3 月 11 日，《福布斯》中文网和英文网同步推出“中国 30 位 30 岁以下创业者”榜单，其中互联网创业者占到近 1/3，并且与《福布斯》杂志美国版推出的“美国 30 位 30 岁以下新秀”中的 30 位创业者进行对比。

这是福布斯中文版携手美国版，连续第二年寻求那些已经表现出技术、产品和商业模式创新能力的青年人，他们已经具备很强的创业能力和颠覆潜力，其中有些人已经开始进入高成长期。

在 2014 年 9 月的夏季达沃斯论坛上，李克强总理提出，要在 960 万平方公里土地上掀起“大众创业”“草根创业”的新浪潮，形成“万众创新”“人人创新”的新势态。此后，他在首届世界互联网大会、国务院常务会议和各种场合中频频阐释这一关键词。每到一地考察，他几乎都要与当地年轻的“创客”会面。他希望激发民族的创业精神和创新基因。后在2015年政府报告正式提出“大众创业、万众创新”。2014年3月至2015年3月，中国平均每天诞生1万多家企业。

这些年轻的创业者，代表着同代人中最佳创业精神、创新能力和知识水平。他们之中的每一个人都在令人惊叹、富有魅力并忘我地工作着，梦想着改变世界。

“海归”创业、报效祖国，悄然成为另一道亮丽风景。

从1981年8月，被喻为“神童”的刘维宁，通过李政道先生主办的中美物理研究生联合招生考试，远涉重洋出国留学，到2009年10月回国效力，走过漫漫拼搏路，中年科学家刘维宁心中的中国梦，是努力攀登中国空间科学高峰、力争尽快居于世界领先水平。

刘维宁2010年入选中国国家“千人计划”，2012年7月担任中科院“夸父计划”首席科学家。

中国科学的突飞猛进，是中华民族伟大复兴的一个核心部分。那么我们在今天看，就是中国科学和世界水平，还是存在着一定的差距。这是一个客观事实。我们既然可以通过整个社会的努力，在30多年的时间，让中国的经济和世界的经济，把差距缩小到今天这样的水平；那我们肯定是有能力，让中国的科学在不远的将来，赶上甚至是超过国际的先进水平，我们必须要有这样一个信心。

——科学家　刘维宁

关键词

财富第六波 ／ 从1970年代以来，中国出现了六次大的财富浪潮，互联网是第六波。

李政道 ／ 美籍华裔物理学家，因发现弱作用中宇称不守恒而获得诺贝尔物理学奖，长期热心推动中国的科学研究事业。

海外高层次人才引进计划 ／ 又称“千人计划”，围绕国家发展战略目标，从2008年开始引进2000名左右人才并有重点地支持一批能够突破关键技术、发展高新产业、带动新兴学科的战略科学家和领军人才来华创新创业。

“夸父计划”／ 得名自夸父追日的古代传说，用三颗卫星监测太阳活动的发生及其伴生现象、太阳活动导致的地球近地空间环境的变化以及光分布等。

人间正道是沧桑

时间之河川流不息。

2014年5月4日，习近平欣喜地来到北京大学，与莘莘学子共度节日。北大燕园欢声笑语，习近平殷切希望广大青年从现在做起，从自己做起，勤学、修德、明辨、笃实，自觉践行社会主义核心价值观，与祖国和人民同行，在实现中国梦的伟大实践中创造自己的精彩人生。

《尚书》有言:“功崇惟志，业广惟勤。”

中国仍处于并将长期处于社会主义初级阶段，实现中国梦，创造全体中国人民更加美好的生活，前路正长，任重道远，需要每一个中国人继续付出辛勤劳动和艰苦努力。

全面建成小康社会要靠实干，实现现代化要靠实干，实现中华民族伟大复兴要靠实干——实干兴邦是实现伟大中国梦的根本途径。

中国梦是“国梦”和“家梦”的融合，“国”和“家”是“命运共同体”。

人间正道是沧桑。

中国梦正承载着中华民族数千年的夙愿前行，正承载着当代13亿中国人民的希望前行。其力量如昆仑和泰山一样伟岸，其气势似黄河与长江一般壮阔，必将追风踏浪、勇往直前！

关键词

“功崇惟志，业广惟勤。”／这句话的意思是，取得伟大的功业，是由于有伟大的志向；完成伟大的功业，在于辛勤不懈地工作。

第五章

筑梦天下

Hello，你好

当我们仰望苍穹，寻找梦想星空的时候；当我们回眸文明，寻找辉煌岁月的时候；当我们追溯历史，寻找沧海桑田的时候……人类的梦想正在伴随着时代发展而日新月异地变化着。

斗转星移，亘古不变的是人类追求梦想的百折不移的信念。

显然，各个民族的梦想，既有不同，又息息相通。不同的是文化与历史，相通的是对于美好幸福生活与经济社会进步的共同追求。

毫无疑问，中国梦是一个拨动人心弦的意蕴，连接着过去与现在、历史与未来，连接着国家与个人、中国与世界，是人类社会共同梦想中的一块美妙画图，独具东方文明神韵的一道亮丽风景。

“闻道寻源使，从此天路回。牵牛去几许？宛马至今来。”杜甫沉郁顿挫的诗句中表达着对寻源使张骞的敬意。2100多年前，汉武帝派遣张骞出使西域，开始了“凿空之旅”，夕阳下，悠远苍凉的牧歌声中，拖曳着张骞疲惫的身影，大漠戈壁留下了他沉重的脚印。“广地万里重九泽，威德遍于四海”。于是乎，丝绸之路搭架起了东西方政治、经济、文化和思

图 5-1　张骞出使西域

想交汇的友谊之桥。

学者余秋雨指出：“相比世界其他通过战争等手段打开的文明通道，我们的丝绸之路，是以经济和文化为主轴的，延续时间之长、效果之好，我认为它是第一通道。”

翻开东西方人类文明交流史册：“丝绸之路”留下的是互利合作的足迹；鉴真和尚东渡日本，传播的是佛教的慈悲与智慧；郑和“七下西洋”，播撒的是友谊交往的种子……讲信修睦、善待他人的传统伦理，塑造了中华民族敦厚平和的秉性；海纳百川、兼容并蓄的传统哲学，孕育着中华民族推己及人的文化；协和万邦的传统历史，影响决定了中华民族和谐

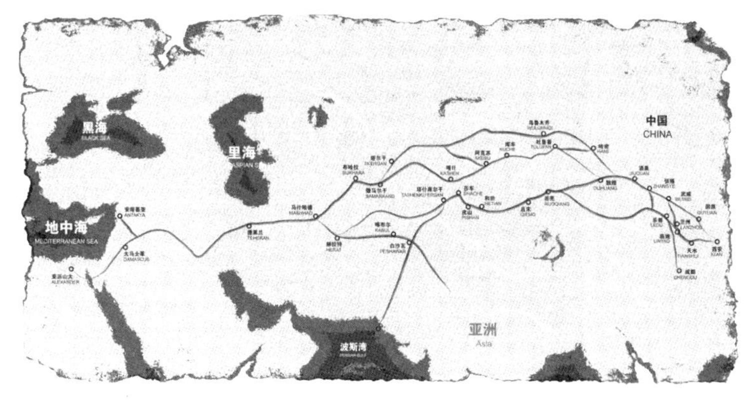

图 5-2　陆上丝绸之路

共通的和平理念。

中国是礼仪之邦，古语曰："礼者，敬人也，敬人者，人恒敬之。"

中国哲学家奉献给联合国幕墙上的一句话是："己所不欲，勿施于人。"

水至柔却有着无穷的力量。中国文化博大精深，有如大海一般的浩瀚广阔——这就是中国文化的包容性，以及巨大的融合力量。

中国古代的这个以儒家文化为主流的政治文化，在对外关系方面它是强调和平，以和平

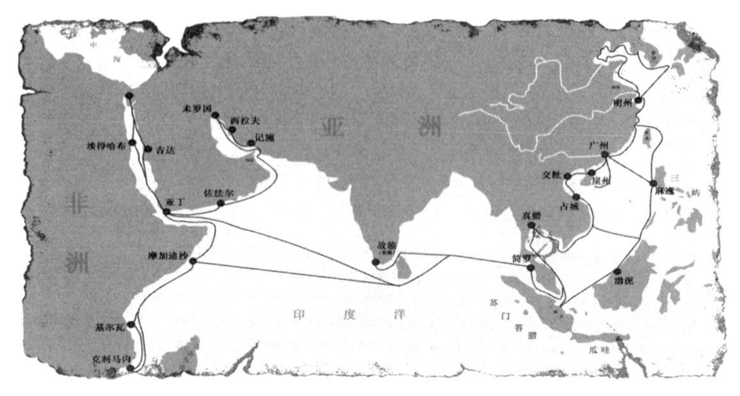

图 5-3 海上丝绸之路

为主，反对动武、反对动兵的，所以后来我们看到那个郑和下西洋，那样一次很大规模的远洋航行，其实带着很多军队，但那个军队主要是为了保护自己的安全，所到之处并没有用兵，而是跟当地的居民、部落、政权和平交往。

我们今天提出走和平发展的道路，维护世界和平，是继承和发扬了我们中国的优良传统，把发展建立在和邻国友好相处的基础之上，这也是中国自古以来政治文化的一个重要的理念。

——北京大学中国古代史教研室主任 张帆

关键词

西域 ／ 狭义上的西域指玉门关、阳关以西，葱岭即今帕米尔高原以东，巴尔喀什湖东、南及新疆广大地区。广义的西域则指凡是通过狭义西域所能到达的地区，包括亚洲中西部地区等。

丝绸之路 ／ 分为陆上丝绸之路和海上丝绸之路，因主要贩运的是中国的丝绸而得名。陆上丝绸之路以长安（今西安）为起点，经甘肃、新疆，到中亚、西亚，再连接地中海各国。海上丝绸之路以南海为中心，是古代中国与外国贸易和文化交往的海上通道。

鉴真 ／ 唐朝僧人，佛教律宗南山宗传人，应日本留学僧请求经过六次东渡，终至日本，促进了两国的文化交流。

“己所不欲，勿施于人” ／《论语》的经典句子之一，意为人应该宽恕待人，唯有如此才是“仁”的表现。

北方邻居

历史是现实的基础，也是开创未来的启示。

面对动荡变幻的国际政治舞台，中国外交奉行和平共处五项原则，坚持独立自主的和平外交政策，广交朋友，合作共赢，营造有利于国家建设与发展的外部环境，中国大踏步走向世界，建交国由初期的 18 个增加到现在的 172 个，中国同世界的关系变得丰富而多彩。

2013 年的春暖花开时节，随着习近平出访的脚步从俄罗斯大地到非洲大陆，开启了中国的友谊之旅。

在莫斯科克里姆林宫，习近平与普京总统坦诚相见。双方表明，中俄互为最主要、最重要的战略协作伙伴，面对复杂多变的国际形势和依然严峻的国际经济环境，中俄要更加紧密地加强全方位战略合作。

在俄罗斯“中国旅游年”开幕式上致辞时，习近平热情洋溢地表达了美好的中国情怀，令俄罗斯听众为之动容：中俄两国山水相连，是好邻居、好伙伴、好朋友。亲仁善邻，国之宝也。旅游是传播文明、交流文化、增进友谊的桥梁。旅游是修身养性之道，中华民族自古就把旅游和读书结合在一起，崇尚“读万

图 5-4 克里姆林宫

卷书，行万里路”。

据中国海关统计：2017 年，中俄贸易额达 840 亿美元，同比增长 20.8%。其中，出口 422.8 亿美元，进口 412 亿美元。

中俄国情不同、条件各异，彼此密切合作、取长补短，无疑可以起到一加一大于二的效果。

由于中俄两国的能源合作不断深化，两国正积极推动各自国家和地区发展战略的相互对接，两国合作从能源、资源向投资、基础设施建设、高技术、金融等领域拓展，从商品进出口向联合研发、联合生产转变，从而不断提升两国务实合作的层次和水平。

> 2013 年（习主席）第一次出访就是去俄罗斯，2014 年首访还是去了俄罗斯，向普金、向俄罗斯展示了中国对俄罗斯的高度重视，进一步加深了这种领导人之间的个人关系。那么这种个人关系也在很大程度上体现了两国关系的这种水平，政治互信的水平。
>
> ——中国现代国际关系研究院院长　季志业

关键词

五项原则 ／ 具体包括互相尊重主权和领土完整、互不侵犯、互不干涉内政、平等互利、和平共处。由周恩来在 1953 年会见印度代表团时提出。

克里姆林宫 ／ 俄罗斯联邦的象征，总统府所在地，其象征意义类似于我国的天安门。

远方亲戚

中国梦是和平的梦、友善的梦。在“地球村”的村落里，中国是一个和平、友善、富于正义感的村民。她不会只想着自己奔小康，而忽视邻里伙伴的冷暖；她不会因为自己的强壮，而欺凌弱小。地球是圆的，世界是平的，携手合作、互利共赢、和平共处，是中国一贯奉行的外交原则。

中国梦是促进共同发展之梦。

实现中国梦，意味着约占全球 1/5 的人口将得到很大程度的发展，这本身就是对世界的重大贡献。中国实现梦想的过程，也是进一步扩大开放、与各国分享更多发展成果和发展红利的过程。

中国梦是推动合作共赢之梦。

许多外国政要和专家学者指出：中国梦是与世界各国扩大利益汇合点，构建起利益共同体。

中国大力倡导“人类命运共同体”意识，主张世界各国在追求本国利益时兼顾他国合理关切，呼吁建立更加平等均衡的新型全球发展伙伴关系；同时，中国将更加积极地发挥负责任大国作用，为人类和平发展做出新的贡献，共同应对全球性挑战。

回首 1971 年，在第 26 届联合国大会上，是“第

图 5-5　尼雷尔国际会议中心

三世界的穷朋友们把中国抬进联合国的”。

20 世纪六七十年代，坦桑尼亚和赞比亚两国，曾多次向西方国家提出援建坦赞铁路的要求却屡遭拒绝，尚不富裕的中国政府和中国人民则慷慨施以援手。

2013 年 3 月 25 日，习近平在尼雷尔国际会议中心发表了重要演讲。

> 中非虽然远隔重洋，但我们的心是相通的。联结我们的不仅是深厚的传统友谊、密切的利益纽带，还有我们各自的梦想。昨天的晚宴，

基奎特总统用标准的中文说了一句中国梦。

——习近平

13 亿多中国人民正致力于实现中华民族伟大复兴的中国梦，10 亿多非洲人民也正致力于实现联合自强、发展振兴的非洲梦；中非人民团结合作、相互支持，共筑牢不可破的友谊基石。

发展中非关系意义重大，因为中国是当今世界最大的发展中国家，非洲大陆是当今世界最大的有待于发展的大陆，两个古老大陆携手发展，意味着两个古老大陆共同的复兴。

——中国现代国际关系研究院副院长　李绍先

习近平主席提出的中国梦的构想，是为了实现中国的改革、社会的改革，每个人都能过上好日子，国家得到发展和成功，国防也能得到完善。

——坦桑尼亚民众　埃德娜

当中国梦变成现实的时候，非洲国家会受益匪浅，人们会创造许多机会，许多人会实现自己的梦想，人们会受到许多支持鼓励，这些支持鼓励对我们非洲人实现自己梦想非常重要。我认为中国梦会大大提高人们的生活水平。

——津巴布韦民众 菲丝·辛迪索·穆基泽

西班牙中国问题专家马埃特斯罗认为，习近平概括中非关系提出的“真、实、亲、诚”四字箴言，是非常贴切的中非关系的写照，也是中国在发展对外关系问题上的真实声音。

中国梦对接非洲梦，助推各自的梦想之舟扬帆远航，是中国同广大发展中国家合作的缩影和典范。

关键词

尼雷尔国际会议中心 ／ 由福建建工集团承建，是一座大型现代化国际会议中心，2013 年 3 月 25 日，由习近平向坦桑尼亚总统转交该中心的钥匙。

亚美利加

在经济全球化深入发展的今天，所有的国家、地区，都是地球村的一分子。

中国改革开放 30 多年，是和平发展的 30 多年，是与世界各国和平相处、共同发展的 30 多年。中国今天取得的成就，得益于和平稳定的国际环境。

2003 年，中国国内生产总值 1.64 万亿美元，列世界第六位；2005 年，中国国内生产总值 2.26 万亿美元，超越法国，列世界第五位；2006 年，中国国内生产总值 2.71 万亿美元，超越英国，列世界第四位；2007 年，中国国内生产总值 3.49 万亿美元，超越德国，列世界第三位；2010 年，中国国内生产总值 5.93 万亿美元，超越日本，列世界第二位。

环视全球，中国经济被誉为“牵引许多国家的火车头”、“带动世界经济复苏的重要引擎”。

毋庸置疑，中美两个大国的关系走向，直接影响着全球经济发展，影响着世界和地区的和平稳定。

习近平与奥巴马总统在安纳伯格庄园会晤，就构建中美新型大国关系达成重要共识，向世界昭示了中国和平发展的信念。

习近平用三句话对中美新型大国关系内涵进行了精辟概括：一是不冲突、不对抗；二是相互尊重；三是合作共赢。两场会晤，一场晚宴，一起散步，既谈合作，也不回避分歧。

历史的启示是深邃的：大国之间的对抗，绝非大国之福，更非人类之福。

我觉得，中国梦意味着中国经济越来越发达，对中国公民来说，伴随着经济的发展他们也有更多的机会。我觉得美国梦和中国梦在一定程度上是相通的。

——美国民众　彼特·斯多茨

我觉得中国梦意味着成长，不仅是个体，而且是整个中国社会的进步。中国梦还意味着机会，意味着理想，这个理想属于那个国家的年青一代。他们很多人在中外很好的学府学习，中国梦也属于这些年轻人，我希望看到他们在未来梦想成真。

——美国民众　阿什莉·李·弗莱明

无论你是一个领导人，或者老百姓，你有住房，你有工作，你的身体很健康。还有对你的家人来说，他们也有一个平安的生活。还有对父母来说，他们都望子成龙，望女成凤，在我来说，这些都象征着中国梦想。

——美国民众　里兰德·拉扎雷斯

中国领导人以轻松的“庄园会晤”之旅，彰显了中国爱好和平、兼容并蓄、海纳百川的开放视野。

中国的中国梦，无论是“建国梦”还是“富裕梦”还是我们的“强国梦”，我们就是要过好自己的日子，我们就是要成为世界发展中的一个积极因素，我们就是要善待他人。我觉得这个其实是中国梦中一个特别好的地方，就是我们要和平地崛起，我们要成为一个对世界有积极贡献的国家，我们要成为一个让世界感到温暖的一个国度。

——中国社会科学院国际问题专家　张国庆

2017 年 11 月 8 日，特朗普总统首次对中国的国事访问引发全球极大关注：两国元首及夫人畅游北京故宫，欣赏中国源远流长的传统文化，惊叹中国历史的博大精深；与此同时，中美两国企业共签署合作项目 34 个，总金额达到 2535 亿美元，创下了中美经贸合作史上的记录，也刷新了世界经贸合作史上的新纪录。

关键词

安纳伯格庄园 ／ 位于加利福尼亚州，由美国出版巨头沃尔特·安纳伯格出资建造，供有国际影响力的人物进行会面。习近平是首位访问该庄园的非美国盟国国家元首。

美国梦 ／ 主要指只要经过努力不懈的奋斗便能获得更好的生活。美国历史学家詹姆斯·亚当斯（James Truslow Adams）在《美国史诗》（*Epic of America*）中写道："美国梦远远超过物质范畴，美国梦就是让个人才能得到充分发展，实现自我。"他认为："美国梦不是汽车，也不是高工资，而是一种社会秩序，在这种秩序下，所有男人和女人都能实现依据自身素质所能取得的最大成就，并得到社会的承认，而与他（她）的出身、社会背景和社会地位无关。"美国梦植根于《独立宣言》中的"人人生而平等"，包括生命权、自由权和追求幸福的权利。

拉美很美

当镜头摇向拉美和加勒比地区的时候，中国梦的人文价值与和平力量同样得到极大彰显。

中国与拉美发展阶段相近。进入21世纪以来，中拉经贸增长远高于中国整体对外贸易增幅，可谓进入“黄金时期”。

1990年，中拉贸易额还只有22.9亿美元，2000年增至126亿美元，而2016年中拉贸易额则高达2166亿美元，26年间增长近100倍。

人们欣喜地看到，中国已是拉美地区第二大贸易伙伴，拉美则成为中国最重要的海外投资目的地之一。

习近平拉美三国之行，是承前启后、继往开来的战略性访问，也是中国互利共赢、共同发展外交理念的一次生动实践和成功推演。

中国梦对世界意味着什么？

毫无疑问，这些场景和镜头给世人所留下的，是如此和谐、大气、美好、温馨的情愫。

习近平回应了世界的关注：“顺应时代前进潮流，促进世界和平发展”、“中国梦不仅造福中国人民，而且造福世界各国人民”、中国梦不是关起门来做自己的“小梦”，而是做一个开放、包容、共享的“大梦”。

关键词

拉美 ／ 即拉丁美洲，因属于拉丁语系而得名，指美国以南的美洲地区，包括墨西哥、巴西、阿根廷等国。

“一带一路”

2013年9月7日，当地时间10时30分，习近平在哈萨克斯坦总统纳扎尔巴耶夫陪同下步入会场。正是在这里，习近平提出了共同建设丝绸之路经济带的构想。

> 我们要全面加强务实合作，将政治关系的优势、地缘比邻的优势、经济互补的优势，转化为务实合作的优势、持续增长的优势，打造互利互赢的命运共同体。
>
> ——习近平

“以点带面，从线到片，逐步形成区域大合作”，并为古丝绸之路演绎了崭新灵感：加强政策沟通、道路连通、贸易畅通、货币流通、民心相通。

中国有句古训：“远亲不如近邻。”

自古以来，中国就有珍惜邻里之间友谊的传统。中国愿意与亚太地区的邻里携手实现各自的梦想，推动区域的更好更快发展。有如印度尼西亚民歌《美丽的梭罗河》所倾诉的：“你的源泉来自梭罗 / 万重山送你一路前往 / 滚滚的波涛流向远方 / 一直流入

图 5-6　亚洲基础设施投资银行总部

海洋……"

"一片土地的历史，就是在她之上的人民的历史。"

2013 年 10 月 7 日，在亚太经济合作组织领导人会议上，习近平明确传递了中国的信号：经济全球化背景下各经济体一荣俱荣、一损俱损，应该争取通过宏观经济政策协调，放大正面联动效应，防止和减少负面外溢效应。

"计利当计天下利"。

习近平提出了构建丝绸之路经济带和 21 世纪

“海上丝绸之路”的构想，提出要设立亚洲基础设施投资银行。

中国梦的实现需要和平稳定的国际和周边环境，中国将坚持通过和平发展方式实现中国梦。

中国梦与世界各国人民的梦想息息相通，中国在实现自身发展的同时，将努力带动和帮助其他国家特别是发展中国家和周边国家发展，与各国更多分享发展机遇，使他们更好地实现自己的梦想。

中国希望同世界各国合作共赢，共同发展；中国人民希望通过实现中国梦，同各国人民一道共圆世界梦。

> 从这个大国（到）周边发展中国家（再）到多边，再加上一个公共外交，就是非常注重中国的发展道路，为更多的世界民族所理解，就是应该就要实现中国梦。这几组关系是缺一不可的。
>
> ——中国国际问题研究所所长　曲星

2014 年 3 月 22 日，习近平飞抵满城绽放郁金香的阿姆斯特丹，开启了为期 11 天的访欧之旅，引发全世界高度关注。

中国、欧洲，两者相加占世界人口的 1/4、经济总量的 1/3。从 3 月 22 日至 4 月 1 日，从北京到阿

图 5-7　阿姆斯特丹

姆斯特丹、海牙、里昂、巴黎、柏林、杜塞尔多夫、布鲁塞尔，行程 19615 公里，活动约 90 场，元首外交，提升战略规格，拓展合作空间，对接利益契合点，中国同荷兰、法国、德国、比利时等四国关系有了新的定位；出席在荷兰召开的核安全峰会，访问联合国教科文组织总部、欧盟总部……充分展现了大国领袖具有恢宏的世界历史视野，既熟谙人类思想和精神遗产，又因熏陶东方文明之神韵，从而表达从容、深邃、平和与宽广，提升了中国的软实力，搭建起一座中欧友谊之桥。

历经苦难，中国人民珍惜和平，希望同世界各国一道共谋和平、共护和平、共享和平。历史将证明，实现中国梦给世界带来的是机遇不是威胁，是和平不是动荡，是进步不是倒退。

——习近平

2017 年 5 月 14~15 日，第一届“一带一路”国际合作高峰论坛在北京举行，29 位外国元首、政府首脑及联合国秘书长、红十字国际委员会主席等 3 位重要国际组织负责人出席高峰论坛，来自 130 多个国家的约 1500 名各界贵宾作为正式代表出席论坛。论坛空前热烈，获得巨大成功。

关键词

亚洲基础设施投资银行 ／ 简称亚投行，是一个政府间性质的亚洲区域多边开发机构，重点支持基础设施建设，成立宗旨是促进亚洲区域的建设互联互通化和经济一体化进程，是首个由中国倡议设立的多边金融机构，2015 年 12 月 25 日正式成立，总部设在北京。

“一带一路”／是“丝绸之路经济带”和“21世纪海上丝绸之路”的简称，是对古丝绸之路的传承和提升。“一带一路”贯穿欧亚大陆，东边连接亚太经济圈，西边嵌入欧洲经济圈。无论是发展经济、改善民生，还是应对危机、加快调整，许多沿线国家同我国有着共同利益。

追梦时代

“万物并育而不相害，道路并行而不相悖。”

世界是多样的，梦想是多彩的。中国的梦想和发达国家的梦想、发展中国家的梦想相互借鉴、相互包容、相互尊重，在和而不同、求同存异的基础上，必将为人类文明做出更大的贡献。

中国梦是烛照一个古老民族前行的明灯。

著名作家冰心曾写下诗一般的警句：“成功的花儿，人们只惊羡它现时的明艳！然而当初它的芽儿，浸透了奋斗的泪泉，洒遍了牺牲的血雨。”

引发全世界广泛兴趣的“李约瑟之谜”提出：尽管中国古代对人类科技发展做出了很多重要贡献，但为什么科学和工业革命没有在近代中国发生呢？——今日之中国，正是在破解这一谜团。

从中国人渴望万博会在中国举办，到上海世博会所展示的成功、精彩、难忘；从短跑名将刘长春1932年艰辛奔跑在美国洛杉矶奥运会赛场上，到2008年北京奥运会的首次位居金牌第一；从“一穷二白”的现代工业几乎是零起步，到工业规模跃居世界前列；从对“楼上楼下，电灯电话”的向往，到全面建成小

图 5-8　上海世界博览会中国馆

康社会的宏图；从深圳小渔村改革开放迈出的第一步，到上海自贸区的运作；从引进外资企业，到中国企业走出去遍布全球 177 个国家和地区……中国就是这样与世界和平对话。

“江南忆，最忆是杭州”。

2016 年 9 月 4~5 日，G20 峰会在杭州举行，成果丰硕，亮点频出：习近平在开幕词中用“三个新起点”展望中国未来，用“四个建设”发挥 G20 担当并开出全球药方，用“三个共同”寄语 G20。

峰会得到了世界广泛的赞誉。

联合国秘书长潘基文高度称赞中国在筹办峰会方面表现出的卓越领导力，认为中国作为轮值主席国所作的积极努力“使二十国集团峰会的包容性提高到一个新的水平”。

世界贸易组织总干事罗伯特·阿泽维多表示，中国作为G20主席国做了非常充分的准备工作。

哈萨克斯坦总统纳扎尔巴耶夫表示，G20峰会被视为解决全球经济问题、协调成员方宏观经济政策以及改革国际金融体系的最重要机制。作为G20轮值主席国，中国着重推动创新、新工业革命以及数字经济，哈方对此表示全力支持。

国际货币基金组织总裁拉加德特别赞扬了中国在世界经济中发挥的关键作用，以及在推进改革方面做出的持续努力。她认为，中国今后在投资和贸易等领域能为全球稳定做出新的积极贡献。

赞比亚当地报纸“新时代”引用南非国际事务研究所专家皮特·德拉帕的话说：“G20与会国领导人应共同寻找出迎接当前所面临挑战的办法，中国会向世界传递出更多的经济发展正能量。”

G20杭州峰会展现了中国作为东道主的好客与包容，向世界展示了中国的博大文化与发展成就，也向是经济发展和全球治理贡献了中国智慧，留下了深刻的中国印记。

正如新加坡前总理李光耀先生所言：中国是按照自己的方式被世界接受的，而非作为西方社会的荣誉成员。这种接受本身就为我们这个世界求同存异、共同发展提供了一个成功的范例。

“大海成汪洋之势却以其低而纳百川，天空展无垠之域然以其高而容日月。”

人类的梦想是相通的。中国梦和世界各国人民的梦，是一个和谐共赢的美丽拼图，最后达到“各美其美，美人之美，美美与共，天下大同”的多彩画卷。

习近平在联合国教科文组织总部阐释中国梦时，声情并茂地指出：中国人民在实现中国梦的进程中，将按照时代的新进步，推动中华文明创造性转化和创新性发展，激活其生命力，让中华文明同世界各国人民创造的丰富多彩的文明一道，为人类提供正确的精神指引和强大的精神动力。

历史对我们如此厚爱，机遇对我们如此眷顾。

诚如习近平所昭告的：“勿忘昨天的苦难辉煌，无愧今天的使命担当，不负明天的伟大梦想。”

百年激荡，百年抗争，百年奋起，中华民族伟大复兴的中国梦，正奏响人类文明中美仑美奂的世纪交响……

关键词

冰心 ／ 原名谢婉莹，中国现代著名作家，所作《寄小读者》是中国儿童文学的奠基之作。

万博会 ／ 全名万国博览会。英国在工业革命后，为了展示自己的强大，于1851年举行了世界上第一次博览会。经过百余年的发展，从最初以工业品和国家展示为主，逐渐变成荟萃科学技术和产业技术的展览会。既是培育产业人才的平台，也是普通民众了解世界的窗口。

刘长春 ／1932年，刘长春参加了洛杉矶奥运会的100米、200米比赛。他是第一位正式参加奥运会的中国运动员。

附 录

编者按

《百年潮·中国梦》电视政论片播出后，得到了广大观众的普遍认可，现将领导、专家在《百年潮·中国梦》电视政论片研讨会上的相关发言摘登，以飨读者。原载《光明日报》2014 年 6 月 19 日。

思想理论宣教的生动教材

黄坤明

中国梦，是在中国特色社会主义事业承前启后、继往开来的重要时期提出来的。中国梦顺应了当今中国的发展大势，昭示了党和国家走向未来的宏伟图景；顺应了全国各族人民创造美好未来的热切期盼，反映了全体中华儿女梦寐以求的共同心愿；顺应了世界进步的潮流，展示了中国为人类文明做出更大贡献的意愿。中国梦的宣传教育，对于激发人们实现中国梦的奋斗热情，凝聚全面建成小康社会、实现中华民族伟大复兴的强大力量，具有深远的意义。

《百年潮·中国梦》用丰富精美的视听语言，多维度、全方位地宣传阐释了什么是中国梦、为什么要实现中国梦、怎么样实现中国梦等重大理论和实践问题，用一个个生动可感的“中国故事”讲述了实现中国梦必须坚持中国道路、弘扬中国精神、凝聚中国力量的深刻道理和根本路径。这对广大党员、干部群众以及各大中院校师生全面理解中国梦提出的历史逻辑、时代内涵和现实意义，坚定中国特色社会主义道路自信、理论自信和制度自信，会聚起全体中华儿女为实现中国梦脚踏实地、努力奋斗的强大力量，具有积极的引导和鼓舞作用。各级宣传、教育和新闻出版广电部门要切实组织好《百年潮·中国梦》的宣传推广工作，充分发挥该片解疑释惑、统一思想的重要作用，进一步深化中国特色社会主义和中国梦的宣传教育，进一步营造为实现中国梦不懈奋斗的浓厚舆论氛围，激发和凝聚起每个中国人的力量，同心共筑中国梦！

一次思想宣传工作的成功实践

李君如

党的精神怎样传递给群众，怎样在党与群众之间架起一座沟通的桥梁，这个问题始终是党的思想政治工作、宣传工作和群众工作要解决的大问题。《百年潮·中国梦》的热播，对于深化中国特色社会主义和中国梦的宣传教育，有重要意义，在党与人民之间架起了生动的沟通桥梁。

首先，如果说习近平总书记提出中国梦已经在党与人民之间架起了一座直通的桥梁，那么电视政论片《百年潮·中国梦》，以形象、直观的形式进一步告诉人们什么是中国梦，为什么要追求中国梦，怎么样实现中国梦，在这座桥梁上增强了党与人民群众之间沟通的生动性。其次，《百年潮·中国梦》在内容上比较准确地体现了以习近平为总书记的党中央的战略思想，在形式上把总书记的声音和专家、学者以及其他群众的声音相互穿插，形成了互动的效果，体现了沟通的特点。最后，播出《百年潮·中国梦》的同时，在报纸上同步发表解说词，使得愿意更多了解电视片内容的人们可以从报上仔细读一读解说词，这进一步扩大了这种沟通的广度和深度。总之，这是一次党的思想宣传工作的成功实践。

推进中国梦大众化的有益探索

艾四林

中国梦之真在于，它是近代以来中华民族历史命运和悠久深厚历史文化的自然生成。离开历史文化和现实条件的梦想，只能是抽象空洞的、虚幻的。中国梦之真也在于，它是与我们国家的“人民正在进行的奋斗”相结合的，也是与“我们民族、我们国家需要解决的时代问题”相适应的。因此，中国梦体现为一连串阶段性任务、阶段性奋斗目标。中华民族“站起来”“富起来”“强起来”这些阶段性目标诠释着中国梦的真实历程。

中国梦之善在于它是人民幸福之梦。人民对美好生活的向往，就是我们的奋斗目标。国家富强、民族振兴，归根到底，就是要促进社会公平正义，增进人民的福祉，让人民过上更加富裕、更加健康、更加和谐、更加安全、更有尊严的生活，让每个人自由而全面地发展。中国梦之善还在于，中华民族为人类做出新的更大贡献的真诚意愿。对世界而言，正如该片中所言“中国梦是和平的梦、友善的梦”。

中国梦之美在于，它通过自身的独特性，体现了当今人类的理想与追求。独特的文化传统，独特的历史使命，独特的基本国情，决定了中国梦的独特性，也决定了中国必然走上一条中国特色社会主义现代化之路，并在这条道路上创造不同于西方的新的现代文明，为人类的美好未来开启新的希望。世界是丰富多彩的，不同民族有自己的梦想。正如该片中所言，人类的梦想是相通的，中国梦和世界各国人民的梦，是一个和谐共赢的美丽拼图，最后达到“各美其美，美人之美，美美与共，天下大同”的多彩画卷。

生动呈现治国理政的思想力量

陈 晋

《百年潮·中国梦》这部电视政论片的成功，说明作品应该具有说服力、感染力和影响力，才能达到好的宣传教育效果。这部片子有两个方面可以给我们启示。

一是中国特色社会主义和中国梦的宣传教育，要准确鲜明。宣传教育首先要倡导读原著，学原文，以掌握要义精髓，其次还必须以不同的方式和角度，把其精髓要义准确鲜明地传达出来。这方面，《百年潮·中国梦》做得到位。全片虽然只有短短五集，但突出了中国梦宣传教育的重点，使观众体会到中国道路是中国梦的实现路径，中国精神是实现中国梦的精神支撑，中国力量是实现中国梦的根本依靠。同时，这部片子使观众真切地体会到，现在比历史上任何时期都更加接近中华民族伟大复兴这个目标，比历史上任何时期都有信心有能力实现这个目标。

二是中国特色社会主义和中国梦的宣传教育，要生动立体。《百年潮·中国梦》以立体呈现的方式，彰显了这样的气质。比如，全片既有习近平总书记生动扼要的同期声，也有专家、学者理论逻辑上的勾连，更有各行各业普通群众朴实的表达，还有对外国民众的采访。这些元素的组合，再加上文学性的解说语言，对中国梦做了立体的和生动的诠释。

广大师生正确认识中国梦的窗口

杜玉波

《百年潮·中国梦》立意高远、气势恢弘，思想性与艺术性高度融合，是形象阐释、深入解读中国梦的精品力作，对广大师生正确认识中国梦，充分了解中国梦，奋力实现中国梦具有重要意义。

《百年潮·中国梦》的热播，使广大师生对在以习近平同志为总书记的党中央领导下，积极投身实现中华民族伟大复兴中国梦的宏伟事业有了更广泛的响应和更坚定的行动。教育部门要把观看学习《百年潮·中国梦》与学习习近平总书记系列讲话精神结合起来，进一步推动教育事业科学发展。

各地学校应把《百年潮·中国梦》作为思想政治理论课来教育教学和中小学德育课的重要内容，要求各地各学校利用重大节庆日、党团活动、专题报告等时机播放视频，并在校园网、微信、微博等网络媒体平台上大力推送。同时教育系统要把中国特色社会主义和中国梦宣传教育纳入未成年人思想道德建设和大学生思想政治教育测评工作，推动宣传教育融入国民教育全过程和人才培养各环节。把统一组织与师生自发开展结合起来，把集中教育与日常工作结合起来，创新工作方式方法，借鉴《百年潮·中国梦》对于重要思想理论宣传的创新经验，开展中国梦专题研究，形成鲜活生动、易于接受的研究成果。

极简中华民族复兴史《百年潮·中国梦》如何使用

使用概述

极简中华民族复兴史在电视政论片《百年潮·中国梦》的基础上，增加了对关键词语的详尽解释，全方位地揭示了中华民族复兴的历史，这在学习读物中是绝无仅有的。她从百年追梦、中国道路、中国精神、中国力量、筑梦天下五个维度，用较为凝练的篇幅和手绘配图的方式，活泼泼地展示了这段历史，成功地讲述了富有逻辑、多维度的中华民族复兴历史，便于读者深入学习与理解。

习近平总书记在中央党校2011年秋季学期开学典礼讲话中强调，党员领导干部需要学习历史。中国近现代史，即中华民族复兴史是学习的重点。通过这种学习，能够更加了解近代以来中国的历史，知道中华民族复兴的来之不易，总结党带领中国人民走社会主义道路的经验与教训，加深对近现代中国国情和中国社会发展规律的认识。极简中华民族复兴史《百年潮·中国梦》为学习提供了新的选择，使得读者在学习时更有逻辑，更有大局观，并能够提高他们的参与度，从而切实提高学习的质量与效果，最终通过对中华民族复兴史的深刻理解，从而达到伟大复兴的“中国梦”在心中扎根的目的。

《百年潮·中国梦》作为学习读物

当下学习读物大都停留在近代以来中国历史大事件的层面，视野较为狭小，难以较为全面地挖掘这段历史的丰富内涵，导致读者大多将学习重心放在具体的历史大事件上。这种方式容易把中华民族复兴史弱化成一个个的历史事件，很少注意到中国道路的选择历程，中国精神的传承和延续，以及中国走向世界的脚步，遑论塑造整体的历史观念。极简中华民族复兴史《百年潮·中国梦》则克服了上述缺陷，在讲述中华民族复兴史时将历史的、民族的、世界的、传统的元素置于同等重要的地位，并揭示了它们之间存在的内在关联。

通过这种方式，极简中华民族复兴史《百年潮·中国梦》可以帮助读者应对学习中国近现代历史时遇到的挑战，从而建立起大历史和小历史之间的有效联系。本书的内容可以让我们在不同的维度追踪历史问题，读者可以因此更透彻地理解中华民族复兴历史。

怎样学习《百年潮·中国梦》

读者可以通过哪些方式学习极简中华民族复兴史《百年潮·中国梦》，从而提高学习的效果？下面是我们对这一问题的初步思考，旨在向大家展示如何使用这本书以提高学习效果。

超越时空，把握中华民族复兴史的主脉络

把握中华民族复兴史的主脉络是学习这段历史最重要的目的。近代中国的历史，既是列强侵略中国的历史，也是中华民族优秀分子抗争的历史。中华民族优秀分子通过太平天国运动、洋务运动、戊戌变法、辛亥革命、国民革命等尝试，最终选择中国共产党带领我们取得民族的独立。新中国成立后，中国共产党带领广大人民群众恢复生产，很快取得了突出的成绩，完成了社会主义改造。后来虽然走了一些弯路，但经过改革开放四十年的努力，中国已经成为世界大国，在政治、经济、文化、科技等方面居于世界领先地位。极简中华民族复兴史《百年潮·中国梦》用简洁的文字阐述了这一主脉络，为学习提供了很好的材料，同时可以在学习具体历史事件的时候运用。

例如，在学习辛亥革命的时候，可以讨论为什么资产阶级不能带领中华民族复兴。以这个问题为

出发点，可以由某位读者带领大家将历史的镜头拉长，与农民起义、中国共产党进行比较，长时段考察中华民族复兴的任务，而不是仅仅停留在分析资产阶级的局限性上面。然后，在综合分析完这个问题后，就可以重新定位辛亥革命的历史地位。

设计新的学习方式

极简中华民族复兴史《百年潮·中国梦》不仅可以通过超越时空的历史叙事技巧，帮助读者形成关于中华民族复兴史的纵向观念，还可以帮助读者拓展横向上的理解。因此，学习组织者可以根据极简中华民族复兴史《百年潮·中国梦》，设计新的学习形式。读者可以通过极简中华民族复兴史《百年潮·中国梦》找到更重要的话题，如“中国道路”“中国精神”“中国力量”，用于设计或评估自己的学习。可以设计出一个单元，专门探究中华民族复兴史的主脉络。可以尝试将党的历史与中华民族复兴史结合起来。此外，各级党组织学习也可以从中撷取有价值的信息作为学习的资源。

激发党员领导干部的思考

在学习时可以一起使用《百年潮·中国梦》。共同学习有利于将所学的历史细节与更大的历史图景联系起来，反过来会有助于读者更加清楚历史的细节及其具有的意义。

在学习中还可以利用本书各章的内容去思考、去探索，丰富对中华民族复兴史的理解。比如，“中国道路”一章主要讲述了中国共产党带领中国人民坚持中国特色社会主义道路，将来如何坚持这条道路是大家可以一起研究的一个好话题。

结论

很明显，《百年潮·中国梦》可以为读者学习提供各种借鉴和应用可能。大家一定能找到更多富有创意的办法使用这本书，切实推进学习，提高政治修养，更加深刻地理解中华民族复兴的历史，最终达至增强对中华民族的归属感、使命感，为早日实现伟大的“中国梦”而奋斗。

图书在版编目(CIP)数据

百年潮·中国梦：极简中华民族复兴史 / 张胜友著
. -- 北京：社会科学文献出版社：学习出版社，
2018.10

ISBN 978-7-5201-1324-3

Ⅰ. ①百… Ⅱ. ①张… Ⅲ. ①中国历史－现代史－
1949 Ⅳ. ①K27

中国版本图书馆CIP数据核字（2017）第211681号

百年潮·中国梦
——极简中华民族复兴史

著　　者 / 张胜友

总 策 划 / 董俊山　谢寿光
项目统筹 / 谢　安　冯开庆　宋荣欣　李期耀
责任编辑 / 宋　超　李期耀
特约编辑 / 阎文丽

出　　版 / 社会科学文献出版社　学习出版社
地址：北京市北三环中路甲29号院华龙大厦　邮编：100029
北京市崇外大街11号新成文化大厦B座11层　邮编：100062
发　　行 / 社会科学文献出版社（010）59367081　59367018
学习出版社（010）66063020　66061634　66061646
上海志愿文化传播有限公司（021）54960233
印　　装 / 北京博艺印刷包装有限公司

规　　格 / 开　本：787mm×1092mm　1/16
印　张：12.75　字　数：101千字
版　　次 / 2018年10月第1版　2018年10月第1次印刷
书　　号 / ISBN 978-7-5201-1324-3
定　　价 / 35.00元

本书如有印装质量问题，请与读者服务中心（010-59367028）联系